원자에서 우주까지
과학 수업 시간입니다

풀과바람 지식나무 46

원자에서 우주까지 과학 수업 시간입니다
- 과학자가 들려주는 과학적 사고방식과 실험 관찰 방법
Copycat Science

1판 1쇄 | 2020년 10월 19일
1판 3쇄 | 2022년 3월 10일

글·그림 | 마이크 바필드
옮김 | 이은경

펴낸이 | 박현진
펴낸곳 | (주)풀과바람
주소 | 경기도 파주시 회동길 329(서패동, 파주출판도시)
전화 | (031) 955-9655~6
팩스 | (031) 955-9657
출판등록 | 2000년 4월 24일 제20-328호
블로그 | blog.naver.com/grassandwind
이메일 | grassandwind@hanmail.net

편집 | 이영란
디자인 | 박기준
마케팅 | 이승민

값 13,000원
ISBN 978-89-8389-865-4 73400

※잘못 만들어진 책은 구입처에서 바꾸어 드립니다.

이 도서의 국립중앙도서관 출판예정도서목록(CIP)은 서지정보유통지원시스템 홈페이지(seoji.nl.go.kr)와
국가자료공동목록시스템(www.nl.go.kr/kolisnet)에서 이용하실 수 있습니다. (CIP제어번호: CIP2020039092)

Copycat Science : Step into the shoes of the world's greatest scientists!
ⓒ 2020 Quarto Publishing Plc
Text and Illustrations ⓒ 2020 Mike Barfield
First published in 2020 by QED Publishing,
an imprint of The Quarto Group.

All rights reserved.
Korean translation rights ⓒ GrassandWind Publishing, 2020
This Korean edition was published by arrangement with The Quarto Group through THE Agency, Korea.

이 책의 한국어판 저작권은 더에이전시를 통해
The Quarto Group과의 독점 계약으로 (주)풀과바람이 소유합니다.
신 저작권법에 의해 한국 내에서 보호를 받는 저작물이므로 무단 전재와 복제를 금합니다.

제품명	원자에서 우주까지 과학 수업 시간입니다	제조자명	(주)풀과바람	제조국명	대한민국
전화번호	031)955-9655~6	주소	경기도 파주시 회동길 329		
제조년월	2022년 3월 10일	사용 연령	8세 이상		

KC마크는 이 제품이 공통안전기준에 적합하였음을 의미합니다.

⚠ 주의
어린이가 책 모서리에 다치지 않게 주의하세요.

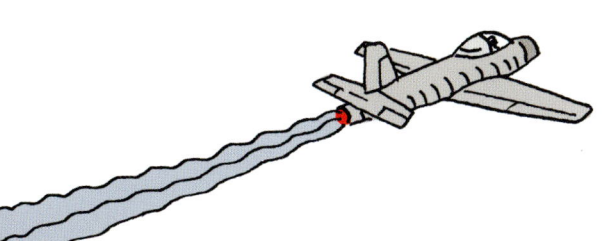

원자에서 우주까지 과학 수업 시간입니다

마이크 바필드 글·그림 | 이은경 옮김

풀과바람

차례

들어가기 · 4

생명체 5
마리아 지빌라 메리안 · 6
6개의 다리 · 7
테오프라스토스 · 8
위로 – 씨앗 – 아래로 · 9
니어마이아 그루와 스티븐 헤일스 · 10
자르고 염색하기 · 11
찰스 다윈 · 12
지렁이 세계 · 13
존 제임스 오듀본 · 14
새들에게 모이 주기 · 15
식물 프린트하기 · 16

인간 생물학 17
요하네스 에반겔리스타 푸르키네 · 18
어둠의 지문 · 19
헤르만 폰 헬름홀츠 · 20
착시 현상 · 20
두뇌 게임 · 22
로절린드 프랭클린 · 24
DIY DNA · 24
맛에 대한 의문 · 26
맛봉오리 실험하기 · 26

물질 27
프리츠 클라테 · 28
슬라임 만들기! · 29
한스 크리스티안 외르스테드 · 30
비행 실험 · 31
쇠렌 쇠렌센 · 32
카멜레온 물 · 33
로버트 앵거스 스미스 · 34

공기 35
오토 폰 게리케 · 36
압력을 받음 · 38
다니엘 베르누이 · 40
흐름에 맡겨 · 41
라이트 형제 · 42
연 날리자! · 43
제임스 클러크 맥스웰 · 44

전기와 자기 45
파릿해! · 46
벤저민 프랭클린 · 47
어둠 속의 불꽃 · 47
윌리엄 길버트 · 48
자석 만들기 #1 · 49
나침반 만들기 · 49
자석 만들기 #2 · 50

힘과 물리학 51
알렉산드리아의 히파티아 · 52
아르키메데스 · 53
아그네스 포켈스 · 54
신기한 물! · 55
라우라 바시 · 56
아이작 뉴턴 · 57
벨과 에디슨 · 60
음파 만들기 · 61
프랭크 휘틀 · 62

빛 63
이븐 알하이삼 · 64
빛을 보다 · 65
아이작 뉴턴 · 66
환상적인 빛! · 67
안톤 판 레이우엔훅 · 68
크게 보기! · 69
알베르트 아인슈타인 · 70
마이크로 라이트 · 71
존 레일리 · 72

천문학 73
갈릴레오 갈릴레이 · 74
별에 완전히 반하다! · 75
아폴로 11호 조종사들 · 76
달이 정말 좋아! · 77
캐롤라인 허셜 · 78
기이한 우주 · 79
뜨거운 것 · 80

수학 81
캐서린 존슨 · 82
간편한 손 수학! · 83
에이다 러브레이스 · 84
수학 마법! · 85
일이 잘 풀린다! · 86

미래를 위한 대비 88
메리 서머빌 · 89
자신의 미래 모습 그리기 · 90
마이크 바필드 · 92

단어 풀이 · 94

생명체

생생하게 살아 있는 실험으로

식물과 동물에 대해 배우기

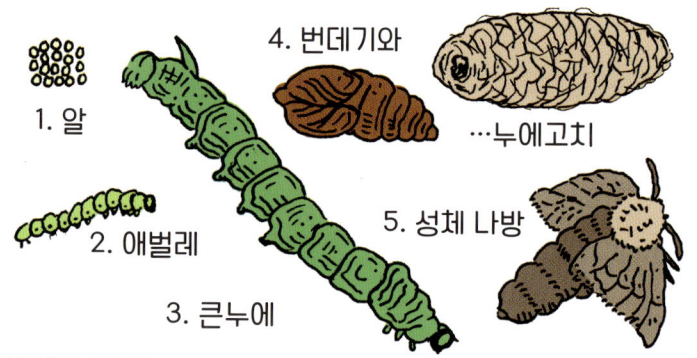

6개의 다리

 놀랍게도, 지구에 있는 동물 가운데 열에 아홉은 곤충이야! 그들이 땅을 점령하고 있어 우리는 정원이나 뒤뜰 등 어디에서나 그들을 볼 수 있지!

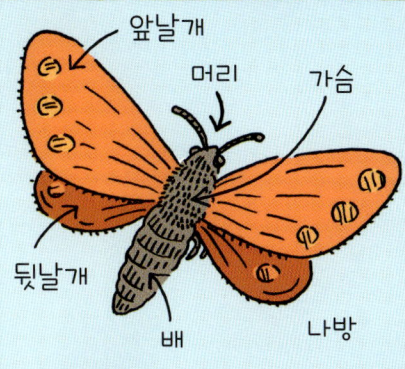

앞날개, 머리, 가슴, 뒷날개, 배, 나방

 모든 '벌레'가 곤충은 아니야. 대부분의 성체 곤충들은 여섯 개의 다리가 있고, 단단한 바깥쪽 골격과 세 부분으로 된 몸을 갖고 있어. 그리고 비록 숨겨져 있지만, 날개를 가진 곤충들도 많이 있어.

내 날개는 숨겨져 있지!

무당벌레

 파리　 개미　진딧물

이들은 모든 종류의 곤충들이야.

민달팽이　거미　쥐며느리　지네

 이들은 곤충이 <u>아니야</u>.

뒷마당 사파리

준비물:

상자　흰 종이

돋보기

1 소포 상자 바닥에 흰 종이를 댄다.

2 상자를 덤불이나 나무 아래에 놓고 가지를 부드럽게 흔든다.

3 상자 안으로 떨어진 모든 동물의 다리를 세어 본다. 곤충은 몇 마리인가?

 과제를 마친 뒤, 표본을 놓아준다.

위로 – 씨앗 – 아래로

 테오프라스토스는 어떻게 씨앗에서 싹이 트는지에 매우 관심이 많았다. 이 간단한 실험으로 여러분도 직접 볼 수 있다!

준비물: 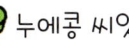 누에콩 씨앗
 깨끗한 유리병, 판지, 펜, 키친타월

1  접어서 튜브처럼 둥글게 만 키친타월을 유리병 안쪽에, 몇 겹으로 두껍게 댄다.

2  판지를 둥글게 말아 키친타월 튜브 안에 넣는다.

 판지는 키친타월 모양이 흐트러지지 않도록 도와준다.

3 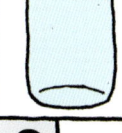 이제 여러분의 누에콩 씨앗을 살펴보자. 이렇게 뾰족한 작은 혹 (씨앗의 눈)을 찾아보자.

4  두 개의 씨앗을 선택해서, 혹이 있는 뾰족한 끝부분을 향하도록 화살표를 그린다.

5  씨앗을 유리병의 양옆으로 집어넣는다. 하나는 화살표가 위를 향하고, 다른 하나는 아래를 향하도록 넣는다.

6   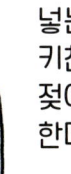 유리병 안에 물을 넣는다. 키친타월이 항상 젖어 있도록 해야 한다.

7  며칠 뒤, 콩에서 싹이 튼다. 어린뿌리에서 시작해 줄기가 위로 자라난다.

← 어린뿌리

8  마침내 여러분은 흙에 옮겨 심을 수 있는 작은 콩 모종을 얻게 될 것이다.

그런데 반대로 심은 콩 씨앗은 어떻게 되었지?

직접 실험해 보고 알아보자!

자르고 염색하기

★ 헤일스와 그루는 식물 내부에서 일어나는 일을 우리가 알기 쉽도록 밝혀냈다.

★ 사람들은 식물의 수액이 사람의 피처럼 순환한다고 생각했다. 틀렸다!

✓ 이 다채로운 실험이 증산 작용의 비밀을 밝혀 줄 것이다.

준비물:
- 튼튼한 유리병 또는 유리잔
- 진한 색깔의 식용 염료
- 신선한 셀러리 줄기 (잎이 있든 없든)
- 연한 색의 아삭아삭한 상춧잎

1 유리잔이나 병에 찬물을 반쯤 채우고, 각각의 병에 약간의 식용 염료를 첨가한다.

✓ 빨간색과 파란색이 효과가 좋다.

2 부엌칼을 사용해 셀러리와 상추의 끝부분 몇 센티미터를 잘라달라고 주변 어른에게 부탁한다.

싹둑! 싹둑!

3 자른 즉시 절단면이 아래를 향하도록 해서 식물을 염료 넣은 물에 담근다.

나를 넘어뜨리지 마요!

4 30분 뒤에 여러분은 식물 조직 안에서 염료가 퍼져 올라가는 걸 보게 된다.

우리는 예뻐!

5 염료는 잎끝까지 이동할 수도 있다! 이것은 물이 뿌리에서 줄기까지, 잎사귀까지 이동한 다음 공기 중으로 나간다는 사실을 보여 준다.

6 염색된 물을 운반하는 조직(물관부)이 드러나도록 표본을 가로질러 자른다!

셀러리

상추

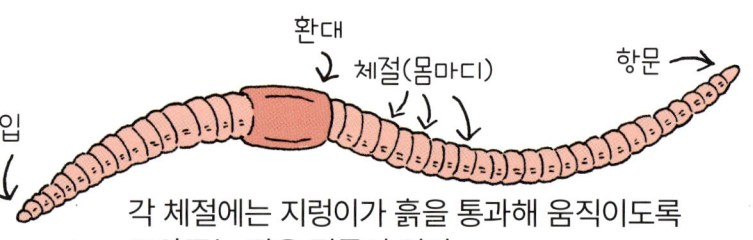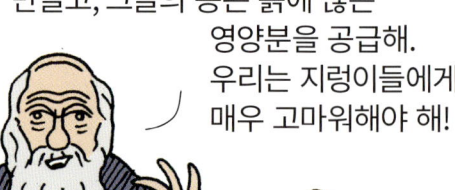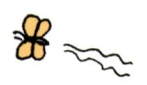

지렁이 세계

 다윈은 지렁이가 흙을 뒤집어엎는 모습을 보고 매우 감탄했다.
지렁이는 죽은 식물을 끌어 내린 다음 자신의 똥과 신선한 흙을 다시 표면으로 가져온다.

 재활용할 수 있는 '지렁이 세상'을 만들어 지렁이가 활동하는 것을 관찰하자!

준비물: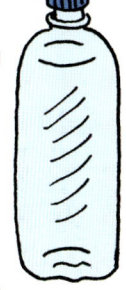
깨끗한 2리터짜리 탄산음료 페트병
알루미늄 포일
흙 퇴비 모래
지렁이 몇 마리
낙엽들과 채소 조각들

1 어른에게 부탁해 페트병의 윗부분 바로 아래를 자른다.
← 여기를 자르세요.

2 칼집
옆 부분에 짧게 칼집을 낸 다음 페트병 안에 흙, 모래, 퇴비를 겹겹이 채워 넣는다.
흙 모래 퇴비 →

3 여러분 집 마당이나 정원에서 서너 마리의 지렁이를 파낸다. 페트병에 지렁이를 넣고 그들이 얼마나 빠르게 굴을 파서 눈앞에서 사라지는지 보자!

4 맨 위에 음식으로 나뭇잎을 놓고, 약간의 차가운 물을 붓는다. 그 위에 페트병의 윗부분을 다시 덮은 다음 포일로 싼다. 지렁이는 빛을 좋아하지 않는다!

5 지렁이들이 정착할 수 있도록 하루나 이틀 정도 시간을 준 다음 포일을 다시 벗겨낸다. 굴 안에 있는 지렁이들이 보일 것이다.

6 지렁이들에게 일주일 동안 먹이를 주고 물을 주면서, 지렁이들이 겹겹이 쌓인 흙에 어떤 작용을 하는지 보자.
엿본 다음에는 포일을 덮어 준다!

7 그런 다음 지렁이들을 마당이나 정원으로 돌려보낸다.
즐거운 우리 집!

 # 새들에게 모이 주기

☆ 새는 자연을 공부하기 위한 훌륭한 방법이다. 먹이를 활용해 많은 종류의 새를 여러분의 정원으로 불러들일 수 있다.

✓ 간단한 모이 공급기를 만들면 새들이 부리로 먹이를 먹는 동안 가까이서 그들을 연구할 수 있다.

 냠냠!

준비물:

깨끗하게 씻은 재활용 음료수 용기 / 막대기

 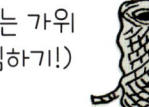 
잘 드는 가위 (조심하기!) / 끈 / 새 모이

1

이 기본적인 방법은 대부분의 음료수 용기와 종이 팩에 적용된다. 먼저, 가위 끝을 이용해 용기의 아랫부분에 작은 구멍을 몇 개 만든다.

배수구

2

그다음 막대기가 들어갈 수 있을 정도의 크기로 구멍을 뚫은 뒤, 용기의 맞은편에도 똑같이 구멍을 뚫는다.

3

잘라 내기 / 잘라 내기

막대기를 꽂아 홰를 만든 다음, 양쪽 면에 모이 구멍을 낸다.

4

구멍 / 구멍

용기를 매달아 놓을 끈을 통과시키는 구멍을 용기의 양쪽 면에 낸다.

5

종이를 원뿔 모양으로 만들거나 깔때기를 사용하여 모이로 공급기를 채운 다음, 고양이로부터 멀리 떨어진 야외의 안전한 장소에 공급기를 걸어둔다.

✓ 낡은 공급기를 씻어 재활용해도 좋다!

식물 프린트하기

제인 콜든

☆ 제인 콜든(1724 ~ 1766)은 미국의 첫 여성 식물학자다. 250년 전, 그는 뉴욕주에 있는 자신의 집 근처에서 자라는 300개가 넘는 야생 식물들을 세밀하게 관찰하고 기록했다.

☆ 제인은 식물을 그리고 식물의 잎맥을 프린트하기도 했다. 그런 유일한 기록 덕분에 우리는 오늘날 그곳에서 자생했던 야생 식물들에 대해서 알게 되었다.

잎맥 프린트하는 방법

준비물:

포스터물감 붓 종이 신문 잎

1 잎사귀의 줄기를 잡고 한 면 전체를 조심스럽게 칠한다.

2 탁자처럼 고정된 평평한 표면 위에 종이 한 장을 깔고 그 위에 물감이 칠해진 면을 아래로 해서 잎을 놓는다.

물감 칠한 면을 아래로

3 신문을 한 장 덮어서 누른다.

눌러!

4 신문지를 부드럽게 벗겨낸 다음 잎사귀도 떼어 내, 인쇄된 것이 드러나도록 한다. 물감이 마르도록 놔둔다!

5 식물의 이름과 날짜를 적는다. 제인 콜든이 했던 것처럼!

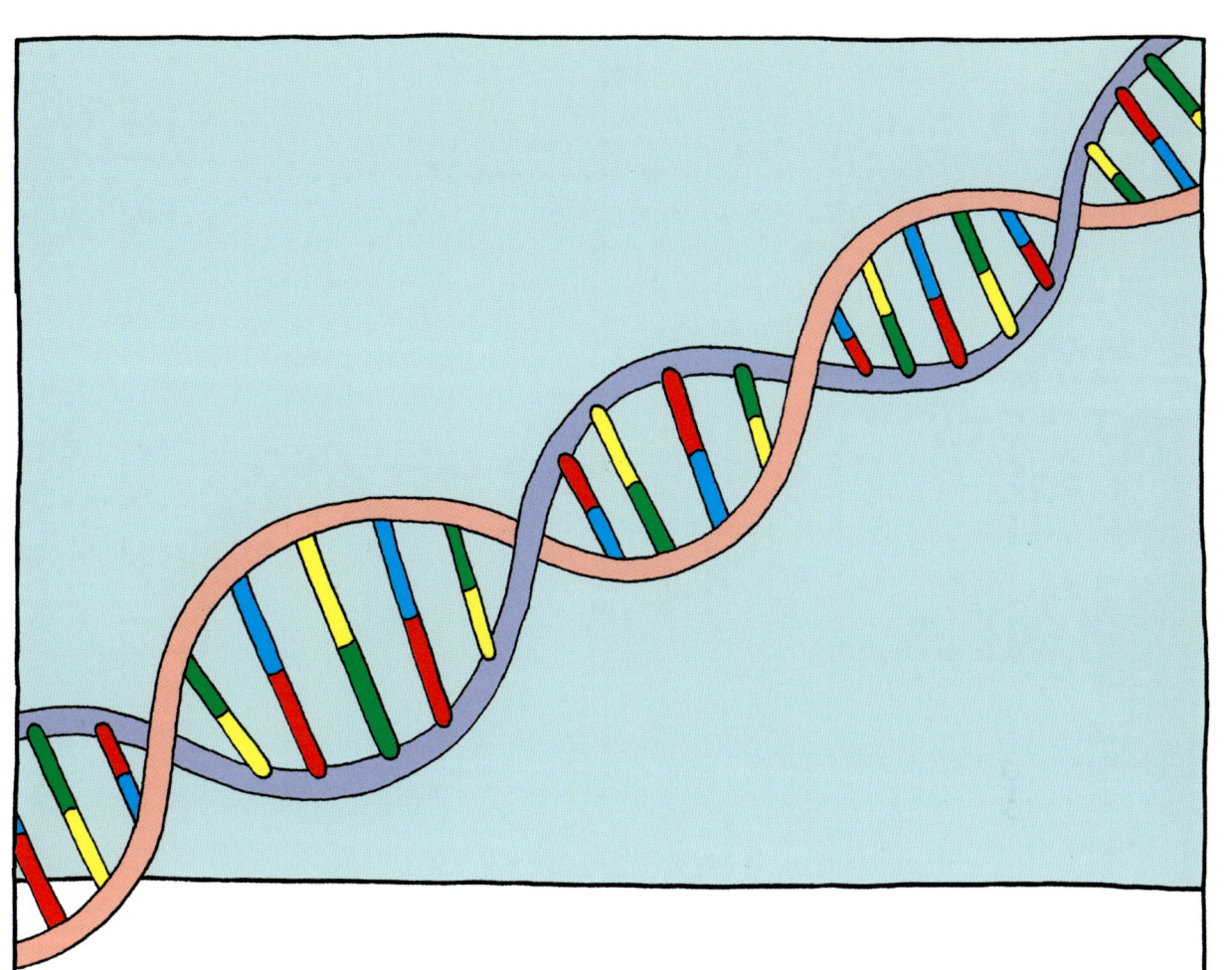

인간 생물학

가장 놀라운 대상에 관한 실험, 바로~ 우리!

어둠의 지문

 지문에 대한 연구는 '지문 검사'라고 불린다.

 손가락 끝부분의 곡선 무늬는 실제로 우리가 물건을 더 안전하게 잡을 수 있도록 돕는다.

 똑같은 지문을 가진 사람은 아무도 없다. 심지어 일란성 쌍둥이도!

 이 특별한 활동으로 지문 뜨는 방법을 알아보자.

 다음은 푸르키네의 지문 패턴 중 일부이다.

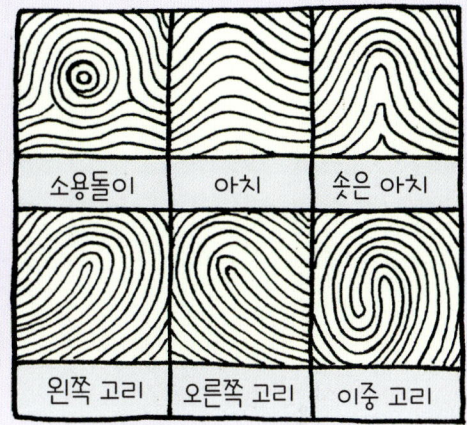

소용돌이 | 아치 | 솟은 아치
왼쪽 고리 | 오른쪽 고리 | 이중 고리

준비물:

 끈적끈적한 테이프

 부드러운 납 연필 – 2B나 더 부드러운 것

하얀 종이

1  연필을 사용해서 종이 위의 일부분을 까맣게 만든다.

2  연필로 까맣게 만든 부분 위에 손가락 끝을 굴리며 문댄다.

3  자른 테이프의 끈적거리는 면 위에 손가락 끝을 대고 누른다.

4  인쇄된 테이프를 다른 종이 위에 붙이고 나머지 모든 손가락에 같은 과정을 반복한다.

5 각기 다른 손가락 인쇄물에 라벨을 붙이고 돋보기를 사용하여 위의 지문 패턴과 비교해 보자!

가족과 친구들의 지문을 떠 봐.
어떤 패턴이 다른 패턴보다 흔할까?

헤르만 폰 헬름홀츠
선견지명이 있는 과학자

출생: 1821년 독일
사망: 1894년 독일

안녕! 내 이름은 헤르만 폰 헬름홀츠야.

나는 과학자로서, 소리와 에너지와 힘. 이것저것 많이 연구했어.

그렇지만 인간의 눈 속도 들여다보았지.

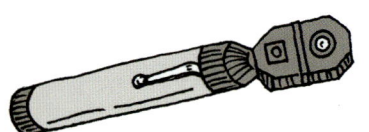
사실, 눈 속을 들여다볼 수 있는 특별한 도구를 발명했어!

검안경

시력에 대해 새로운 것을 알아내기 위해 그것을 사용했지.

몇 개는 간단한 실험으로 직접 볼 수 있어!

착시 현상

1 모든 눈에는 물체의 이미지가 맺히지 않는 부분, '맹점(시각 신경 원반)'이 있다. 여기 자신의 맹점을 찾는 방법이 있다.

   +

오른쪽 눈을 감고 왼쪽 눈으로는 위에 있는 십자가에 집중한다. 팔을 길게 펴서 책을 들고 있다가 천천히 얼굴을 향해 책을 가져오다 보면, 어느 순간 책에 그려진 눈알이 '사라질' 텐데, 바로 그때가 나의 '맹점'에 도달한 때다.

2 눈에 '맹점'이 있기 때문에 뇌는 그 틈을 메우는 것으로 보충한다.

▬▬▬▬   ▬▬▬▬   +

위에 적은 맹점 보는 방법을 반복하면서 이번에는 막대 사이의 간격이 갑자기 사라지는 지점을 찾아낸다. 여러분의 뇌가 무언가를 만들어내고 있다!

나는 새로운 검안경을 이용해 우리 눈에서 빨강, 파랑, 초록색을 구분하는 '원뿔'이라고 불리는 특별한 세포를 발견했어.

이 원뿔 세포(원추 세포)는 너무 오랫동안 자극을 받으면 지쳐서, 유령처럼 가짜 색을 지닌 '사후 이미지'를 만들어내.

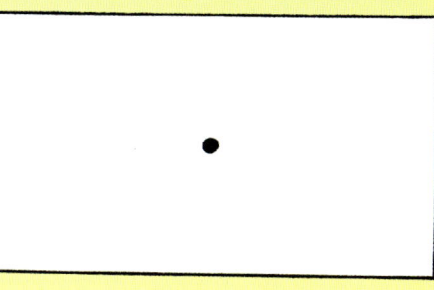

3
위에 있는 깃발 그림의 흰 점을 20초 동안 응시한 뒤, 아래 하얀색 바탕에 있는 검은 점을 바라봐. 매우 다르게 보이는 깃발이 나타난다.

4
각각의 양쪽 눈은 뇌로 분리된 이미지를 보낸다. 뇌는 전달받은 이미지를 하나의 그림으로 결합한다.
마치 아래 그림과 같다!

5
약간 다른 위치에서 세상을 보는 두 개의 눈은, 사물 사이의 거리를 더욱 쉽게 판단할 수 있도록 도와준다. 다음과 같은 실험을 하면 확실히 알게 될 것이다!

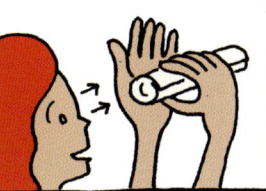

종이 한 장을 튜브처럼 말아 오른쪽 눈앞으로 들어 올린다.

왼손을 올려 그림처럼 튜브에 댄다.

두 눈을 뜨고 똑바로 앞을 본다. 그러면 손에 구멍이 뚫린 것처럼 보일 것이다!

한쪽 눈을 감은 다음, 왼손 집게손가락 끝으로 오른손 새끼손가락을 만져 봐. 한쪽 눈을 감은 상태로는 쉽지 않다. 그러나 양쪽 눈을 뜨고 있다면 정말 간단하다!

두뇌 게임

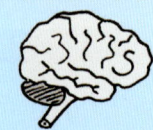
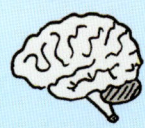

착시 현상은 진지한 과학도 얼마든지 재미있을 수 있다는 증거가 된다. 우리의 뇌가 어떻게 작용하는지를 연구하는 과학자들이 많은 것을 만들고, 거기에 만든 사람의 이름을 붙이는 경우가 많다.

예를 들어, 여기 보이는 희한한 도형은 이것을 만든 로저 펜로즈(1931년 영국 출생)의 이름을 따서 '펜로즈 삼각형'이라고 불린다.

여러분은 실제로 이것을 만들 수 있을까?

 이러한 고전적인 착시 현상을 직접 경험해 본 다음 여러분의 가족과 친구들에게 시도해 보자. 답은 끝부분에 거꾸로 쓰여 있다. 그렇지만 부정행위는 절대 금지!

1 착시 바나나

어떤 바나나가 더 클까, A 또는 B?

A   B

2 착시 테이블

어떤 테이블이 더 길까?

A   B

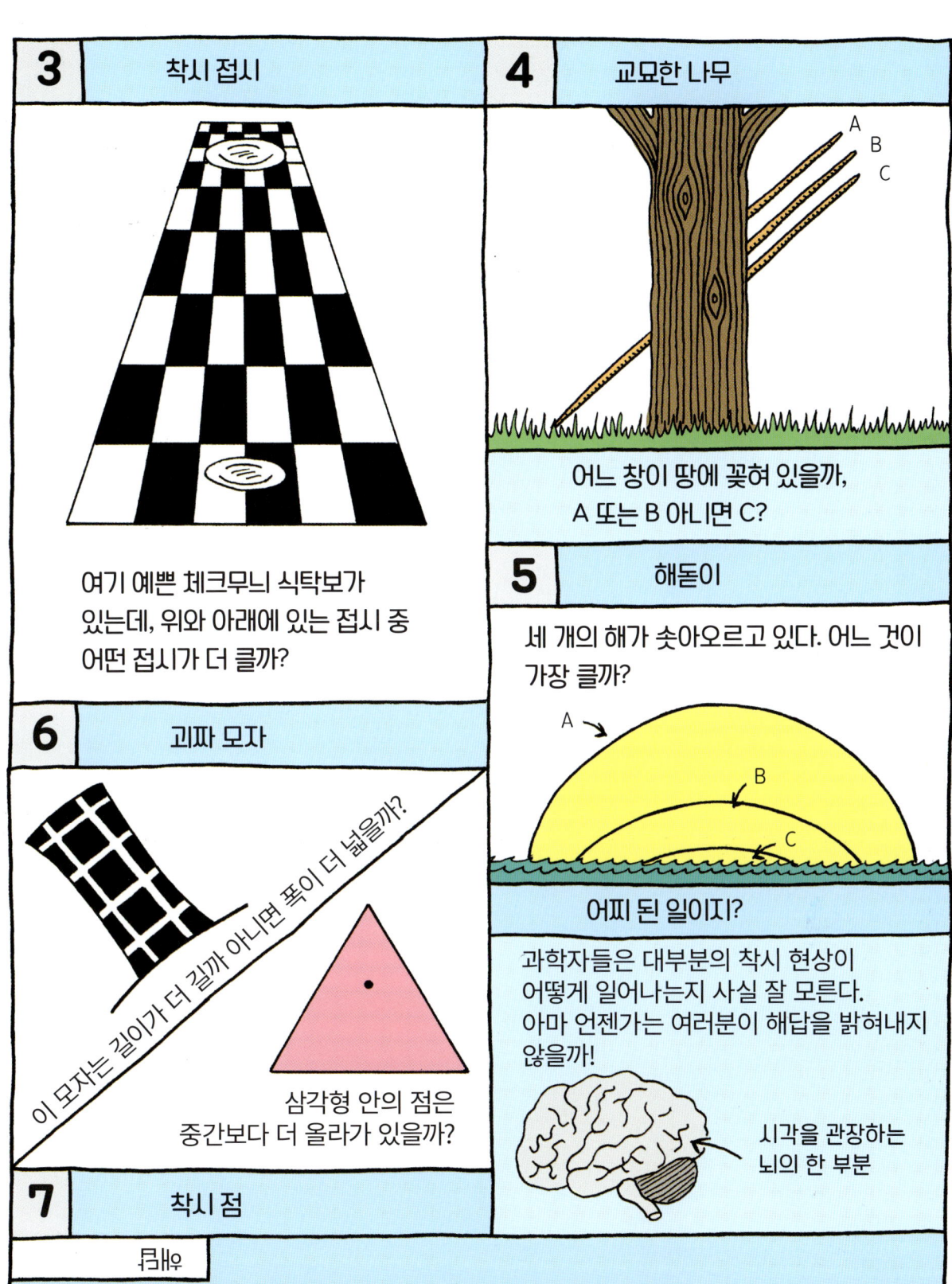

3. 착시 접시

여기 예쁜 체크무늬 식탁보가 있는데, 위와 아래에 있는 접시 중 어떤 접시가 더 클까?

4. 교묘한 나무

어느 창이 땅에 꽂혀 있을까, A 또는 B 아니면 C?

5. 해돋이

세 개의 해가 솟아오르고 있다. 어느 것이 가장 클까?

어찌 된 일이지?

과학자들은 대부분의 착시 현상이 어떻게 일어나는지 사실 잘 모른다. 아마 언젠가는 여러분이 해답을 밝혀내지 않을까!

시각을 관장하는 뇌의 한 부분

6. 괴짜 모자

이 모자는 길이가 더 길까 아니면 폭이 더 넓을까?

삼각형 안의 점은 중간보다 더 올라가 있을까?

7. 착시 점

해답

착시 1, 2, 3, 5, 6에서 사각형 또는 원은 똑같은 크기다. 무엇보다도 자로 직접 재어 보라. 착시 4에서는 창 B가 땅에 꽂혀 있다. 착시 7에서 까만 점은 움직이는 중이에 있다.

로절린드 프랭클린
DNA 탐정

출생: 1920년 영국
사망: 1958년 영국

 로절린드 프랭클린은 전문적인 화학자였고, 그의 연구는 여러분을 포함한 모든 생물의 화학적 청사진이라 할 수 있는 DNA의 구조를 밝히는 데 도움을 주었어!

로절린드 프랭클린

 DNA(데옥시리보 핵산)는 유기체의 구성 방식에 대한 암호를 전달하는, 세포에서 발견되는 긴 분자다.

 로절린드의 DNA 엑스선 사진은 DNA의 분자가 꽈배기처럼 꼬인 모양(일명 이중 나선 구조)이라는 사실을 보여 주었다.

로절린드의 업적은 사실 역사적이었지만, 안타깝게도 그는 그것을 제대로 인정받기 전에 죽었다.

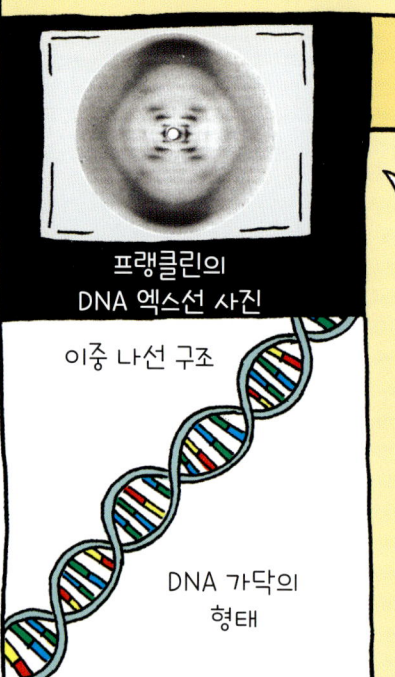
프랭클린의 DNA 엑스선 사진

이중 나선 구조

DNA 가닥의 형태

 DIY DNA

✓ 다음 페이지는 집에서 딸기 세포의 DNA를 추출하는 방법을 보여 준다!

! 어른에게 도와달라고 부탁한다. 어질러질 상황에 대비해 낡은 신문지를 깔고, 알코올은 여러분의 눈이나 가리개 없이 노출된 불꽃에서 멀리 떼어 놓는다.

맛에 대한 의문

거의 1세기 동안, 사람들은 혀의 특정 부위가 각각 오른쪽의 이 '혀 지도'에 표시된 다섯 가지 맛 중 한 가지만을 느낀다고 들었다.

우리는 이제 이것이 틀렸다는 걸 알고 있다! 맛을 수용하는 작은 맛봉오리(미뢰)들은 혀 전체에 걸쳐 모든 맛을 감지할 수 있다. 그리고 여러분은 이것을 집에서 증명할 수 있다!

이것은 틀렸다!

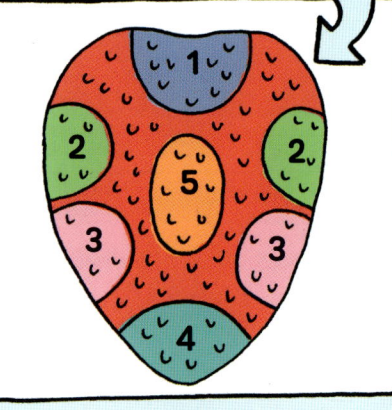

1. 쓴맛   2. 신맛   3. 짠맛
4. 단맛   5. 감칠맛(맛있는)

맛봉오리 실험하기

준비물:

   그릇 3개

 면봉 (플라스틱 아님)

 설탕

소금

식초

신선한 물

1 3가지 맛을 실제로 맛보는 건 매우 쉽다. 각각의 그릇에 약간의 물을 부은 다음, 소금, 설탕, 식초를 각각의 그릇에 개별적으로 첨가한다. 이것이 '짠맛', '단맛', '신맛'을 실험하는 용액들이다.

2 거울 앞에서 혀를 내밀어라!

3 한 용액에 면봉 하나를 넣었다가 혀에 댄다.

살살 하기!

4 각각의 용액을 혀 전체에 차례로 시도해 보자. 혀의 모든 지점에서 짜고 달고 시큼한 맛을 느낄 수 있나?

많은 사람은 여전히 잘못된 '혀 지도'를 옳다고 믿고 있다. 부모님과 선생님께 여쭤보고 그들에게 맛있는 진실에 대해 말하자!

물질

강한 금속에서부터 부드럽고 끈적거리는 슬라임까지,
그리고 그 사이에 있는 모든 것들!

프리츠 클라테
중합체의 개척자

출생: 1880년 독일
사망: 1934년 독일

안녕! 내 이름은 프리츠 클라테고, 굉장히 철저한 화학자야!

나는 1912년에 놀라운 물질을 발견했는데, 우리가 사용하는 접착제*에 들어가는 물질이지!

* 접착제는 순간접착제, 목공용 풀, 문구용 풀 등 여러 가지가 있어.

이 물질은 아세트산 비닐로 불려.

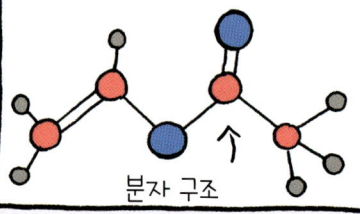

분자 구조

● 수소 원자
● 탄소 원자
● 산소 원자

아세트산 비닐의 놀라운 점은 다른 아세트산 비닐 분자들과 연결되어 긴 사슬을 형성할 수 있다는 점이야. 마치 수많은 나의 복제 인간들과 내가 손을 잡고 있는 것처럼 말이지!

맞아. 그래! 사실이야!

긴 사슬을 형성하는 분자들은 '중합체(폴리머)'라고 불려.

나도 알아!

폴리머는 종종 'PVA(피브이에이)'로 불리는 흰색 접착제에 사용돼.

'PVA'는 폴리아세트산 비닐을 나타내.

놀랍게도, PVA 접착제는 마르면서 긴 사슬의 분자들이 일종의 플라스틱을 만들어. 이런!

안 떨어지네!

그렇지만 가장 깜짝 놀랄만한 일은 PVA 접착제를 이용해서 슬라임을 만들 수 있다는 사실이야. 야호!

프리츠는 중합체의 과학을 개척했다.
이제 PVA를 사용해서 슬라임을 만들어 보자!

슬라임 만들기!

✓ 슬라임을 집에서 만들 수 있는 간단하고 안전한 방법이 있다!

✓ 특별한 성분(여기, 세탁용 전분)을 첨가하면 PVA 분자의 모든 긴 사슬을 연결해 재미있고 찌그러진 덩어리로 만들어 준다!

준비물:

작은 그릇 / 식용 색소 / 세탁용 전분 / PVA 접착제 / 테이블스푼

1 깨끗한 차가운 물을 작은 그릇에 반쯤 채운다. 슬라임을 만들 시간이다!

2 적어도 다섯 스푼의 세탁용 전분을 넣고 혼합물이 묽은 우유처럼 보일 정도로 젓는다.

3 식용 색소(오직 색을 입히기 위해서) 몇 방울을 첨가한 뒤 PVA 접착제를 혼합물에 넣는다. 충분히 사용할 것!

4 커다랗고 질척질척한 덩어리가 될 때까지 손으로 혼합물을 섞는다.

5 질척질척한 덩어리를 꺼내고 남은 액체를 부어 버린다. 축하해. 슬라임이 완성되었어!

슬라임

6 슬라임은 참 이상하다! 그것을 꽉 쥐면 단단해 보이지만, 여전히 액상이라 접시에 놓으면 푹 퍼지고 만다!

 꾹꾹! 조물조물!

✓ 이렇게 만든 슬라임을 용기에 담아 냉장고에 몇 주 동안 보관할 수 있다!

한스 크리스티안 외르스테드
금속 탐지기

출생: 1777년 덴마크
사망: 1851년 덴마크

한스 크리스티안 외르스테드는 덴마크의 대단히 훌륭한 과학자다.

안녕! 훌륭한 덴마크인 컹! 얘도 그레이트데인

어렸을 때, 한스는 화학에 미쳐 있었고, 자라서는 과학자가 되기를 원했어.

젊은 한스
숨 막혀도 오래 버틸 수 있다면 좋을 텐데.
집에서 시도하지 말 것!

어른 한스는 온갖 실험에 관심이 있었는데,

특히 자석에 끌렸어!

여전히 화학에 빠진 한스는 후추의 자극 성분인 피페린을 포함해 많은 새로운 것을 발견했지!

재채기가 나지 않는 성과를. 에취!

한스는 부엌의 다른 필수품을 따로 분리해내면서 또 하나의 역사를 만들었는데,

단서가 필요해?

맞아! 연구를 거듭해서 1825년에 알루미늄을 발견했다!

Al

전에는 아무도 알루미늄이라는 금속을 실제로 본 적이 없다. 그것은 존재하지 않았지!

한스는 아주 작은 양밖에 만들지 못했다.

그렇지만 금보다 귀했어! 컹컹!*

* 컹컹! : 우와 굉장하다!

요즘, 이 강하면서도 가벼운 금속은 우리 삶에 엄청난 역할을 한다.

전화기 노트북 포장용품

사실, 알루미늄은 어디에나 있다고 할 수 있다.

저기까지 포함해서!
흑!

최신 제트기는 최대 80퍼센트가 알루미늄이다!
이제 알루미늄 항공기를 직접 만들어서 날려 보자!

 # 비행 실험

 알루미늄은 놀랍다!
가볍고 튼튼하고 녹슬 거나 불꽃을 일으키지 않아서, 항공기와 우주선을 만드는 데 이상적인 재료다.

준비물:

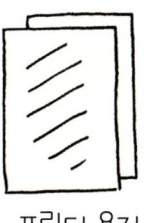 프린터 용지 몇 장

 알루미늄 포일

 가위

 하지만 집에서 날릴 수 있는 비행기를 만드는데, 알루미늄이 간단한 종이보다 더 나을까?

✓ 다음의 지침을 따라 종이를 접어 비행기를 만들고, 종이와 같은 크기로 포일을 잘라 포일로도 비행기를 만들어라. 그런 다음 그것들을 날려 보자!

1 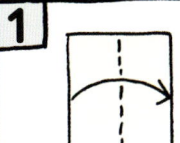 반으로 접어서 주름을 잡는다.

2  다시 편다.

3  위쪽의 양쪽 모서리를 가운데 주름까지 접는다.

4 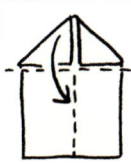 위의 뾰족한 부분을 아래로 접는다.

5  위쪽의 양쪽 모서리를 다시 가운데 주름까지 접는다.

6 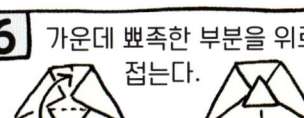 가운데 뾰족한 부분을 위로 접는다.

7  비행기를 반으로 뒤쪽을 향해 접는다.

8  그림과 같이 반으로 접어 날개를 만든다.

9  다른 쪽도 반복한다.

10  완성!

 어떤 비행기가 가장 멀리 날았나?
어느 것을 조종하기가 더 쉬웠나?
어느 비행기가 더 쉽게 망가지나?
어느 비행기가 더 싼 재료를 사용하나?

 실험을 마치면 비행기를 재활용하세요!

카멜레온 물

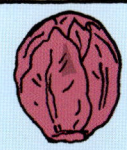 

☆ 붉은 양배추(적채)에는 pH 척도와 유사한, 산과 염기에 접촉할 때 다양한 색상에 걸쳐 변하는 색소가 들어 있다.

✓ 여기 나만의, 색상이 변하는 '카멜레온 물' 지표를 만들어 사용하는 방법이 있다!

준비물:

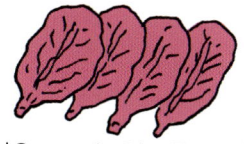
붉은 양배추 잎사귀

냄비

체

깨끗한 병

그릇

가위

숟가락

1 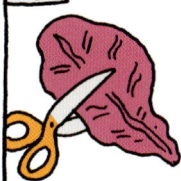 붉은 양배추 잎 여러 개를 가위를 이용해 잘게 썰어 준다.

2  잘게 썬 조각들을 냄비에 넣은 다음, 푹 잠기도록 그 위에 뜨거운 물을 부어달라고 어른에게 부탁한다. 조심해!

3  물이 식으면, 이제 보라색 양배추 물을 체에 받쳐 그릇에 따른다.

4  카멜레온 물이 만들어졌다! 이제 여러분은 이것을 이용해 집에서 여러 물질을 실험해 볼 수 있다. 산성은 빨강이나 분홍색으로 변한다. 염기성은 파란색이나 초록색 또는 노란색으로 변한다.

5 병에 든 여러 가지 생활 물질에 물을 섞는다. 카멜레온 물을 한 숟가락 넣어서 어떤 색으로 변하는지 관찰한다!

레몬즙　　식초　　탄산음료　　수돗물　　치약　　세탁 세제　　가루비누

산성(낮은 pH) ← 중성 → 염기성(높은 pH)

공기

공기로 놀라운 마술 같은 실험 재현하기

오토 폰 게리케
진공 흡입기

출생: 1602년 독일
사망: 1686년 독일

오토 폰 게리케는 오늘날 놀라운 공기 실험으로 유명한 독일 과학자다.

그래! 그리고 그 실험에는 말도 포함돼.

히이잉?

← 오토, 오토 아님

오토는 진공에 매우 관심이 많았다.

이런 종류가 아님

이런 종류임

완전히 비어 있는 공간

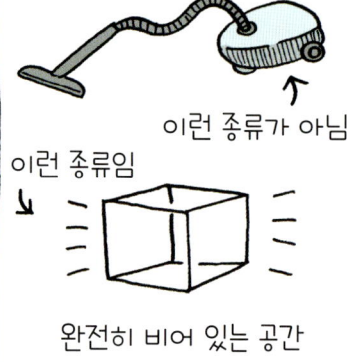

그 당시 많은 사람은 아리스토텔레스가 예전에 했던 말들을 여전히 믿고 있었다!

없는 것은, 정의상, 존재할 수 없는 것이다! 그러니 그만해!

그러나 그가 틀렸다!

오토는 아리스토텔레스가 틀렸다는 것을 증명하기 위해 최초의 진공 펌프를 발명했다!

아리스토텔레스의 생각은 형편없어. 이 펌프도 역시 그렇지만, 좋은 방식으로 빨아들이지!

(대략 1650년)

오토는 자신의 진공 펌프를 이용해서 모든 종류의 용기에서 공기를 빨아들이기 시작했다.

너는 진공을 믿니?

아뇨! 나는 진공에는 아무것도 없다고 생각해요.

당겨!

빨아들여!

흥미롭게도, 오토는 진공 안에서 자명종 시계의 시간을 알리는 소리가 들리지 않는다는 사실 이상의 것을 발견했다.

놀랍군! 이것은?

그런 다음 오토는 '마그데부르크의 반구'* 로 알려진 그의 가장 유명한 실험을 우연히 발견했다.

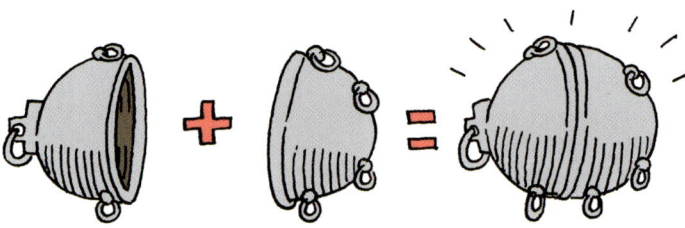

오토는 지름 약 50센티미터의 무거운 놋쇠로 된 속이 빈 두 개의 반구를 만들었다.

60페이지 소리에 대해 읽어 봐.

* 그가 살았던 마을의 이름을 딴 것이다.

압력을 받음

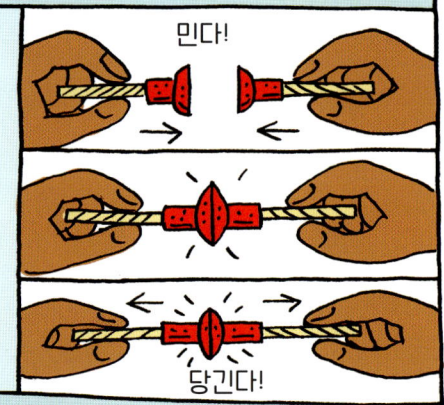

✓ 여러분은 끝에 안전 빨판이 달린 두 개의 장난감 화살을 이용해서 나만의 공기 실험을 수행할 수 있다. 두 개의 빨판을 꽉 맞물리게 한 다음 떼어내려고 시도해 보자. 절대 쉽지 않다!

★ 대기압은 사물의 표면을 내리누르는 대기의 무게(질량)이다.

✓ 비록 여러분이 공기를 보거나 맛보거나 만질 수는 없지만, 공기가 질량을 갖고 있음을 증명할 수 있는 간단한 방법이 있다.

준비물:

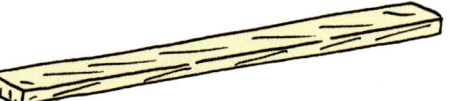  

약 30cm 길이의 얇은 나무조각이나 빳빳한 카드 / 30cm 길이의 가는 줄 / 두 개의 똑같은 풍선 / 접착테이프

1
나무의 양쪽 끝에 불지 않은 풍선을 테이프로 붙인다.

2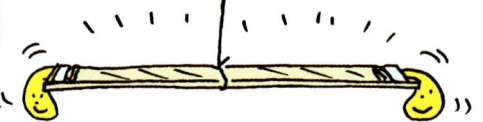
나무가 균형을 잡고 수평으로 매달리도록 막대기의 가운데에 끈을 묶는다.

3
조심스럽게 풍선 하나를 떼어낸다. 거기에 바람을 불어넣고 매듭을 지은 다음 막대기의 원래 자리에 테이프로 다시 붙인다.

부풀어 오른 풍선이 있는 쪽으로 막대기가 기울어지면서, 공기에도 질량이 있다는 사실을 증명한다!

공기의 압력을 증명할 수 있는 또 하나의 실험이 있다.

준비물:

가로세로 대략 60cm x 40cm의 신문지

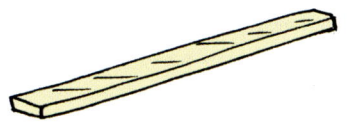
얇은 나무막대나 빳빳한 카드

테이블이나 다른 평평한 표면

1  테이블 가장자리에 나무가 걸쳐지도록 놓는다.

2  신문지로 나무를 덮어 부드럽게 위에 펼쳐놓는다.

3  여러분의 손으로 걸쳐 있는 나무 끝을 친다. (조심해!)

무슨 일이 일어났니? 종이는 그대로지만, 막대기가 구부러지거나 부러진다. 종이를 누르는 공기의 압력은 대략 코뿔소의 무게와 같다! 이것 때문에 종이가 제자리를 유지한다.

다음 공기 압력 실험은 정말 놀랍다. 그것을 '유리의 행동'이라고 말할 수 있는데, 여러분은 할 수 있을까?

준비물:

차가운 물이 반쯤 담긴 유리잔

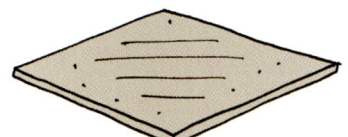
사각형의 빳빳하고 두꺼운 종이 (유리잔을 충분히 덮을 만큼의 크기)

용기(선택 사항)

1  종이로 유리잔 위를 덮는다.

2  종이가 움직이지 않도록 손으로 잡고 유리잔을 완전히 거꾸로 뒤집는다.

3 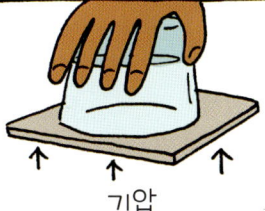 종이에서 손을 뗀다. 공기 압력 때문에 종이는 떨어지지 않는다.

기압

4  이렇게 할 수 있을까? 정말? 그렇다면 해 봐!

다니엘 베르누이
원리 원칙이 있는 남자

출생: 1700년 네덜란드
사망: 1782년 스위스

안녕! 내 이름은 다니엘 베르누이고, 베르누이 가문의 똑똑한 많은 사람 가운데 한 명이지.

예를 들어 내 아버지*도 수학자이자 과학자였어.

* 요한 베르누이 (1667~1748)

그렇지만 아버지는 내가 어렸을 때 내 재능을 질투해서 과학 공부를 막으려고 했어!

그만둬!
싫어요!

물론, 별 소용이 없었지! 그래서 오늘날 내 이름을 딴 유명한 과학 원리*를 갖게 되었지.

흥!

* 베르누이의 정리

이제 헤어드라이어와 탁구공을 사용해 그 원리를 행동으로 보여 줄게.

드라이어
탁구공

헤어드라이어에서 차가운 바람이 나오도록 만든 뒤에, 공기의 흐름 속에 공을 놓으면,

휘르르르!

얍, 짠!
맴돌기!
휘르르르!

이리저리 움직여도 공은 헤어드라이어 위에 계속 떠 있다!

중력
잠잠한 공기 ← "O" → 잠잠한 공기
움직이는 공기

왜 그럴까?
음, 베르누이의 정리는 공 아래의 움직이는 공기가 공 양쪽의 잠잠한 공기보다 더 낮은 압력을 행사하기 때문이라고 말한다(37페이지 참조).

공이 헤어드라이어 위에 항상 제자리에 있도록 잠잠한 공기가 공을 밀고 있지.
어떻게 생각해요, 아빠?

그만둬!

여러분은 베르누이의 정리를 집에서도 쉽게 증명할 수 있다.
이 재미있는 묘기를 시도해 보자!

흐름에 맡겨

☆ 베르누이의 정리에 따르면, 움직이는 공기는 움직이지 않는 정지된 공기보다 더 낮은 압력을 행사한다(유체는 빠르게 흐르면 압력이 감소하고, 느리게 흐르면 압력이 증가한다).

✓ 이들 각각의 실험은 베르누이의 정리를 직접 보여 준다. 아래의 거꾸로 주어진 해답과 함께. 훔쳐보지 마!

1 풍선 상태

여기로 바람을

풍선 두 개를 불어, 끈으로 묶은 뒤 약간의 간격을 두고 매달아 준다. 그들 사이로 바람을 불게 한다. 어떻게 될까?

2 바람이 분다!

 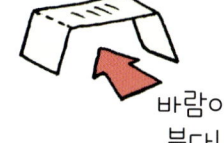

아래로 접음 → 바람이 분다!

세로로 긴 종이를 접어 간단히 다리를 만든다. 다리를 평평한 표면 위에 놓고 다리 아래로 꾸준히 바람을 분다. 어떻게 될까?

3 위기일발!

V 표시 모양으로 잘라낼 것

이곳에 바람을 세게 불 것!

또 다른 종이를 접어, 위의 보이는 것처럼 V 표시된 곳을 잘라 끽끽 소리 내는 것을 만든다. 두 손가락 사이에 놓고 바람을 세게 분다. 무슨 일이 일어날까?

4 계속하라

둥둥! 맴돌기!
구슬
차가운 바람

풍선 안에 구슬을 하나 넣고 바람을 분 뒤 끝을 묶는다. 차가운 바람이 나오는 헤어드라이어 위에 풍선을 올려놓으면 무슨 일이 일어날까?

해답

1. 풍선들은 그 사이의 공기의 흐름에 의해 함께 모인다.
2. 다리는 표면에 더 잘 기압에 의해 평평해진다.
3. 베르누이의 원리 덕분에 종이 중간이 끽끽거리는 소리를 낸다.
4. 풍선은 공중에 40페이지의 탁구공처럼 움직인다.

라이트 형제
비행기 형제

안녕! 나는 미국 비행의 전설, 윌버 라이트야.

출생: 1867년 미국
사망: 1912년 미국

그리고 내 동생 오빌 또한 전설이지.

안녕!

출생: 1871년 미국
사망: 1948년 미국

나와 오빌은 하늘을 나는 기계에 관심을 두기 전에 자전거를 만들었어.

맞아!

모든 것은 독일의 위대한 항공학 선구자*가 자신의 글라이더가 추락해 사망했을 때 시작되었어.

오 저런. 아직도 마음이 아파.

오토

* 오토 릴리엔탈(1848~1896)

나와 오빌은 비록 7년이 걸렸지만, 결국 세계 최초의 동력 비행기를 만들어 날렸어! 오빌은 1903년 12월 17일 미국 노스캐롤라이나주의 키티호크에서 우리의 '라이트 플라이어'를 조종했지.

라이트 플라이어 → ← 윌버
오빌

그 과정에서 우리는 많은 모형 글라이더와 정말 거대한 연을 만들기도 했어.

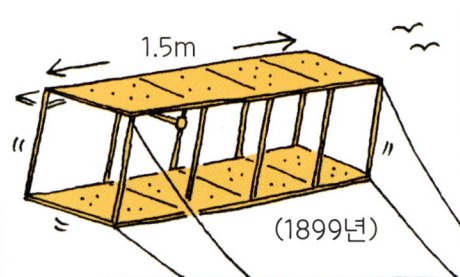

1.5m
(1899년)

연 덕분에 우리는 라이트 플라이어 조종 방법을 알게 되었어.

그렇지만 딱 한 가지 문제가 있었지.

이제 내 차례야. 내가 할게! 얼른 내놔.

싫어! 놔!

공기 덕분에 새와 벌 그리고 형제들도 비행할 수 있어! 여러분이 직접 연을 만들어 날려 보자!

연 날리자!

 연은 2500년 전부터 만들어진 것으로, 인간이 만든 가장 오래된 비행 물체 중 하나다!

준비물:

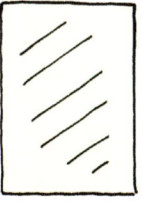
A4 카드/종이

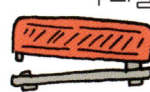
꼬챙이 (날카로우니 주의할 것!)

스테이플러

끈적끈적한 작은 테이프 조각

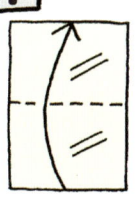
질긴 실 또는 나일론 끈

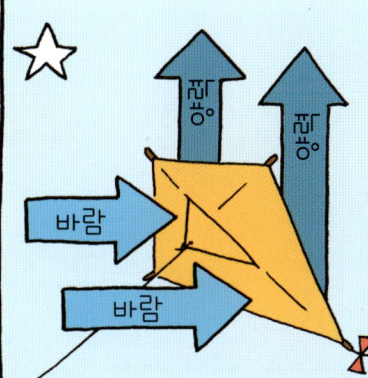

연이 바람에 부딪히는 각도가 연을 공중으로 밀어 올리는 것이다. 우리는 그것을 들어 올리는 힘, 즉 '양력'이라고 부른다.

✓ 이 단순한 연은 종이 한 장으로 만들어졌다. 한번 만들어 보자!

1 종이나 카드를 반으로 접은 뒤 펴서 주름을 만든다.

2 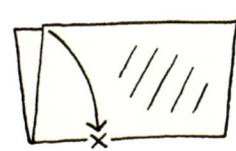 모서리를 'X'로 표시된 지점까지 아래로 만다.

3  접힌 모서리가 제자리에 있도록 스테이플러로 고정한 다음, 반대편에도 똑같은 작업을 한다.

4 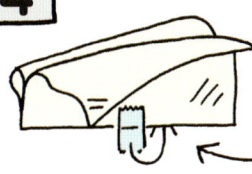 다음으로 여기 표시된 지점의 용골(비행선의 세로 방향을 가로지르는 골격재) 위에 끈적끈적한 테이프 조각을 접어 붙인다.

5  어른에게 부탁해서 꼬챙이를 이용해 테이프를 뚫는 데 도움을 받는다.

6 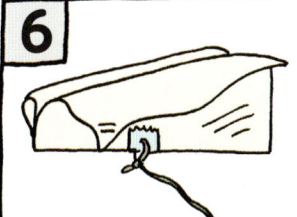 연을 질긴 실이나 나일론 끈에 묶는다.

7 가벼운 바람에 날려 본다. 간단하다!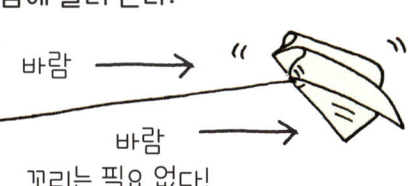
바람 →
바람 →
꼬리는 필요 없다!

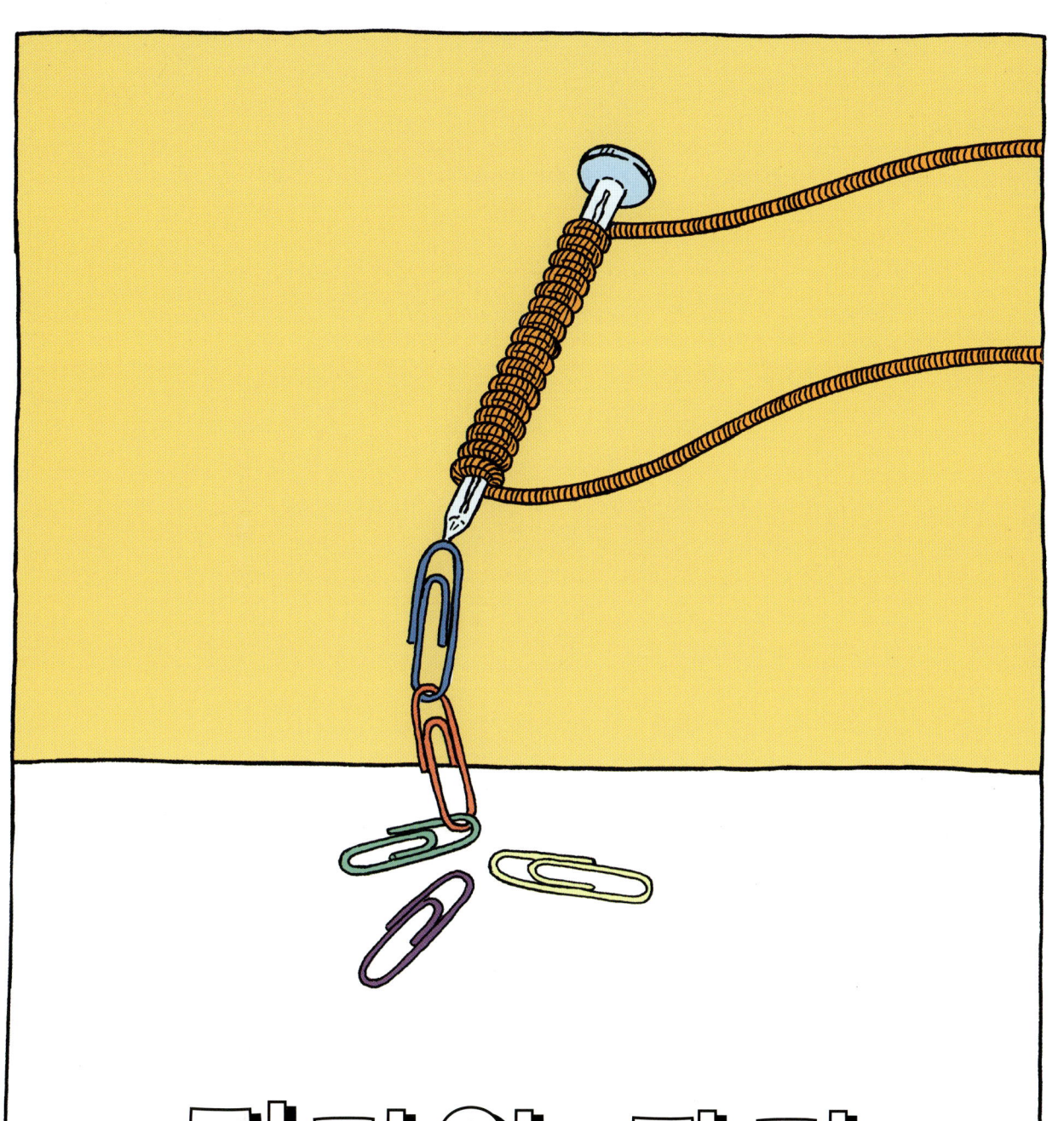

전기와 자기

여러 실험으로 머리가 쭈뼛 서는 과학 배워 보기

짜릿해!

★ 기원전 대략 585년, 밀레투스의 탈레스라고 불리는 고대 그리스 학자는 호박(나무 송진이 화석화된 것) 덩어리 위에 털을 문지르면 호박에 머리카락과 깃털을 끌어당기는 능력이 생긴다는 사실을 알아냈다. 왜 그럴까?

✓ 간단한 실험을 해 보고, 이상한 효과를 직접 체험해 보자!
답은 아래에 거꾸로 쓰여 있다.

탈레스

1 바람이 든 풍선을 옷에 같은 방향으로 여러 번 문지른 다음 잠시 벽에 대고 있어 본다. 무슨 일이 일어나는가? (답은 아래에 있음)

2 풍선을 옷에 다시 문지른 다음, 작은 종잇조각들, 후춧가루와 소금을 섞은 것 위로 가져가 보자. 어떤 일이 일어나는가?

종잇조각들   후추와 소금

3 다시 한번 옷에 풍선을 문지른 다음, 이제 부드럽고 얇은 물줄기에 풍선을 가까이 가져가 본다. 이번에는 어떤 모습이 보이는가?

수돗물

4 풍선을 다시 문지른 다음 평평한 표면에 있는 빈 알루미늄 음료 캔에 가까이 가져다 놓는다. 그 캔을 마음대로 다룰 수 있는가?

1. 풍선이 벽에 달라붙는다. 2. 풍선이 종이와 후추를 끌어당긴다. 3. 풍선이 있으면 물줄기가 휘어진다. 4. 그렇다, 굴릴 수 있다!

★ 탈레스는 '정전기'를 발견했다.
호박(풍선처럼)을 문지르면 번개처럼 전하를 띠게 된다!

벤저민 프랭클린
크게 성공한 남자

출생: 1706년 미국
사망: 1790년 미국

안녕! 내 이름은 벤저민 프랭클린이고, 미국의 과학자이자 발명가야!

나는 번개가 정전기*의 한 형태라는 것을 보여 주기 위해 폭풍 속에서 연을 날렸다는 전설의 주인공이지.

젖은 끈

금속 열쇠

* 프랭클린은 그것을 '전기 불'이라고 불렀다.

음, 내가 그렇게 하긴 했지만, 그건 믿을 수 없을 정도로 위험한 일이었어. 같은 것을 시도했던 다른 사람들은 안타깝게도 감전되어 죽었으니까.

폭풍 속에서는 절대로 연을 날리지 마!

우지끈!

대신, 실내에서 나만의 미니 번개를 만들어 보자!

어둠 속의 불꽃

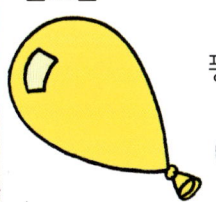

준비물:
풍선
금속 스푼
어두운 방

1 어두운 방에서, 풍선을 여러분의 머리카락에 여러 번 문대어 많은 정전기를 만들어내도록 한다.

2 이제 충전된 풍선을 스푼 가까이 천천히 가져간다, 불꽃이 튈 것이다!

불꽃은 정전기라는 작은 번개의 표시다. 여러분이 듣는 갈라지는 소리는 작은 천둥소리인 셈이다!

47

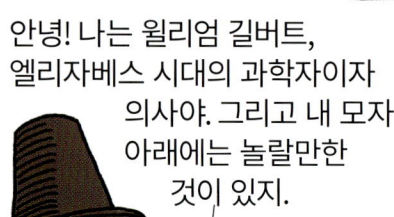

 # 자석 만들기 #1

준비물:

- 자석(냉장고 자석도 사용할 수 있다)
- 철 또는 강철 볼트 또는 페이퍼 클립 편 것
- 여분의 페이퍼 클립들

★ 자력은 특정 자성 물질 안에 원자가 정렬되는 방식에 의해 발생하는, 보이지 않는 힘이다.

★ 철(강철), 코발트, 니켈 등 몇 가지 일반적인 금속만이 자성을 갖는다.

★ 모든 자석에는 북쪽(N)과 남쪽(S)의 두 가지 '극'이 있다.

 　　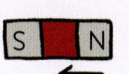

　　당기기　　　　　　　밀기

★ 반대편 극들은 서로 끌어당기지만, 같은 극은 서로 밀쳐내는 '밀기'를 한다.

1  100번 반복

자석으로 클립/볼트를 계속 같은 방향으로 100회 문지른다.

2

이제 그것이 다른 클립을 미는지 당기는지 실험한다! 양쪽 끝을 다 해 볼 것!

나침반 만들기

준비물:

- 찬물이 담긴 그릇
- 작은 카드 조각
- 자성을 띠는 페이퍼 클립
- '제대로 된' 나침반 (선택 사항)

1 물 위에 카드 조각을 부드럽게 띄운다.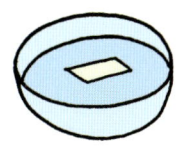

2 새로이 자성을 띠는 페이퍼 클립을 카드 위에 놓는다.

3 페이퍼 클립은 북쪽과 남쪽 방향에 맞춰 정렬하기 위해 빙빙 돌 것이다.

4 실제 나침반과 비교해 보자. 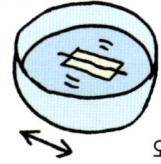 와우!

 # 자석 만들기 #2

마이클 패러데이

★ 마이클 패러데이(1791~1867)는 영국의 위대한 과학자이며, 그의 발견은 많은 현대 기술을 위한 길을 닦았다.

1824년, 패러데이는 파티용 고무풍선을 발명했다!

★ 전류와 자석의 상호 작용을 연구하던 패러데이는 전선을 통해 전류가 흐르면 자기화되는 '전자석'을 직접 만들었다. 그리고 자석의 힘으로 전기를 만드는 발전기의 원리도 알아냈다. 아래 방법으로 전류가 흐르면 자석이 되는 전자석을 만들어 보자.

준비물:

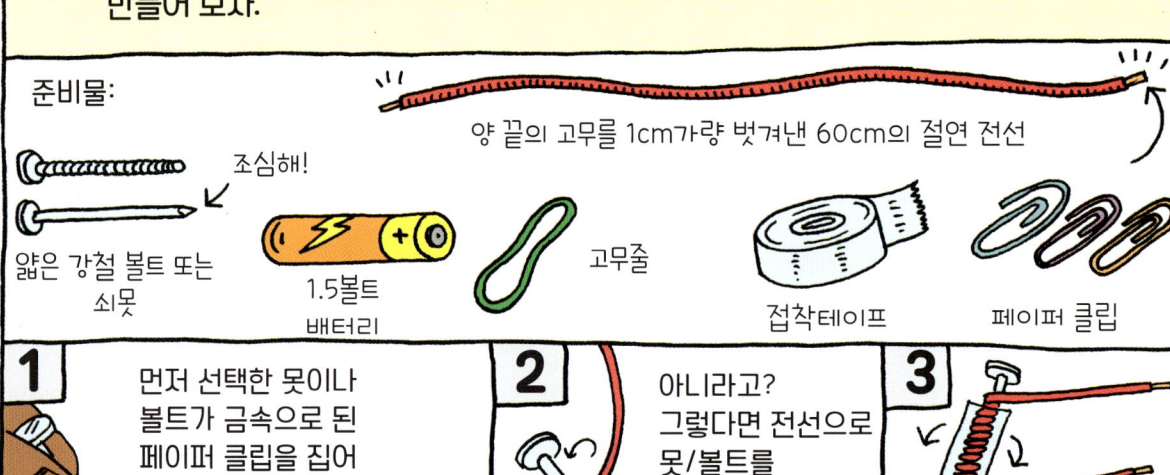

양 끝의 고무를 1cm가량 벗겨낸 60cm의 절연 전선

조심해!

얇은 강철 볼트 또는 쇠못

1.5볼트 배터리

고무줄

접착테이프

페이퍼 클립

1  먼저 선택한 못이나 볼트가 금속으로 된 페이퍼 클립을 집어 올리는지 살펴보자.

2  아니라고? 그렇다면 전선으로 못/볼트를 촘촘하게 감아 코일을 만든다.

3 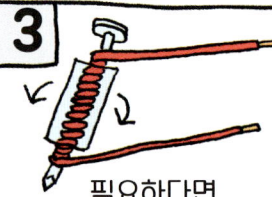 필요하다면 테이프를 사용하여 코일을 고정한다.

4  고무줄을 사용하여 배터리 단자의 양 끝에 부착하여 회로를 만든다.

5 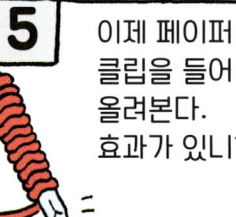 이제 페이퍼 클립을 들어 올려본다. 효과가 있니?

❗ 자석이 따뜻해지면서 전력을 많이 사용할 수 있으니 배터리에 부착한 채 놔두지 않는다!

힘과 물리학

여러 실험을 통해 물리학의 밀고 당기는 법칙 연구하기

알렉산드리아의 히파티아
최초의 여성 수학자

출생: 370년 이집트
사망: 415년 이집트

안녕! 나는 히파티아야. 뛰어난 수학자이자 철학자이지.

매우 인기 있는 선생이야!

안녕, 히!

안녕, 히!

나는 '액체 비중계'라 불리는 기발한 장치도 발명했어.

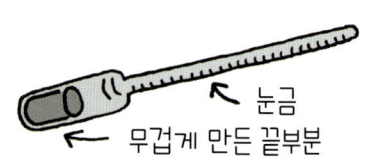

← 눈금
← 무겁게 만든 끝부분

오늘날에도 여전히 사용해!

이것은 액체 속에서 그것이 얼마나 잠기느냐에 따라 액체의 밀도를 나타내는 장치야.

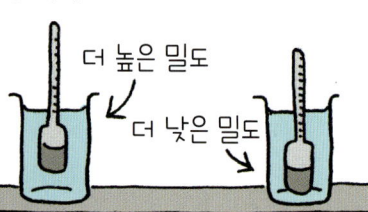

더 높은 밀도
더 낮은 밀도

밀도는 액체가 얼마나 많은 물질을 함유하느냐에 따라 달라져.

예를 들어, 여러분은 소금을 첨가함으로써 더 밀도가 높은 물을 만들 수 있어. 이제 재미있는 속임수를 보여줄게!

준비물:

따뜻한 물이 담긴 유리잔

스푼

소금

안녕, 또 보네!
달걀

1 물이 담긴 잔에 달걀을 부드럽게 넣는다.

날 깨뜨리지 말라고!

2 달걀은 아래로 가라앉게 마련이다. 달걀이 순수한 물보다 밀도가 높기 때문이다.

누구를 밀도라고 부르는 거야?

3 이제 물에 소금을 첨가한 다음, 부드럽게 저어 녹인다.

이크, 짜!

4 결국 소금물의 밀도가 달걀의 밀도와 같아지면

(몇 스푼의 소금이 들 것이다),

5 달걀은 유리잔의 중앙에 떠 있게 될 것이다! 와우!

휘이! 이 달걀 실험은 재미있네 (이번에만).

아르키메데스
유레카의 남자

출생: 기원전 287년 그리스
사망: 기원전 212년 그리스

안녕! 나는 아르키메데스. 고대 그리스의 사상가이자 자연 과학자.

나는 주로 목욕할 때 좋은 아이디어가 떠올라.

욕조가 더 커야겠어!

나의 유명한 '유레카'의 순간을 포함해서. 유레카!

'유레카(Eureka)'는 그리스어로 "알았다, 찾았다!"는 뜻이야.

나는 왕의 명령을 받아 왕관이 순금인지 알기 위해 모양이 복잡한 왕관의 부피를 재야 했어.

나는 당황해서 쩔쩔매다가 내가 앉아 있던 욕조 물이 위로 올라왔다는 사실을 깨달았다.

욕조 물은 내가 욕조에서 차지한 부피만큼 올라왔어!

아마도 순금이겠지!

내가 없을 때 | 내가 있을 때

음, 내가 "유레카!"라고 외친 뒤, 벌거벗고 뛰어다녔다는 얘기가 있는데!

사실이든 아니든, 똑같은 방식으로 너의 부피를 계산할 방법이 있어!

준비물:
왁스 크레용
계량컵
욕조

1 목욕물을 받는다. 욕조에 들어가기 전에 왁스 크레용으로 물의 높이를 표시한다(왁스는 잘 닦인다).

2 이제 욕조에 들어간다. 욕조에 낮게 누워 위로 올라온 물의 높이를 표시한다.

3 목욕 뒤, 몸의 부피는 표시된 두 개의 목욕물 수위 중 위에 표시된 곳까지 목욕물을 높이는 데 필요한 물의 양과 같다. 몇 리터나 들어가는지 세어 보자!

신기한 물!

 아그네스는 물의 '표면 장력'에 관심이 매우 많았다.

 '표면 장력'은 물과 같은 액체를 구성하는 분자들이 서로 끌어당겨서 최대한 작은 면적을 만들려고 하는 힘이야. 그로 인해 표면에 일종의 막 같은 '피부'가 만들어져.

 다음의 재미있는 실험을 하면서 '표면 장력'을 직접 관찰하자!

가득 채워!

1 컵의 꼭대기까지 물을 가득 채운다. 더는 들어가지 않을 것 같니?

2  좋다! 이제 동전을 하나씩 하나씩 조심스럽게 물속으로 밀어 넣어 봐.

3  옆에서 바라봐. 물이 가장자리 위로 봉긋 솟아오른 것이 보일 거야. 그것이 바로 '표면 장력'이다!

지탱하는 역할

 표면 장력은 핀이나 페이퍼 클립을 지탱할 만큼 강하다.

날카로운 것! 조심할 것!

1  얕은 접시에 찬물을 채운다.

2  작은 휴짓조각을 물 위에 펴놓은 다음 그 위에 핀이나 페이퍼 클립을 부드럽게 놓는다.

3  휴지의 조직이 물을 빨아들여 떨어져 나가도 남은 핀이나 페이퍼 클립은 '피부' 위에 그대로 떠 있다. 와우!

모두가 흩어진다!

비누와 세정액은 물 분자 사이의 연결을 약화하는 작용을 한다. 다음은 이것을 실제로 볼 수 있는 방법이다!

1  깨끗한 물이 담긴 접시에 후추를 뿌린다.

2  손가락 끝을 비누나 세정액에 담근 다음 물 표면에 담근다. 무슨 일이 일어날까? 자, 한번 해 보자!

우케꿀

표면 장력이 작아 후추가 빠르게 흩어지는 것을 보게 될 것이다!

아이작 뉴턴
최초로 유명 인사가 된 과학자

출생: 1642년 영국
사망: 1727년 영국

아이작 뉴턴

☆ 아이작 뉴턴은 빛과 힘(밀고 당기는)과 움직이는 물체를 포함해서 많은 것을 연구했던 위대한 과학자였다.

✓ 이러한 실험들은 아이작의 아이디어에 바탕을 두고, 라우라 바시가 그녀의 학생들과 공유했을 만한 실험들과 같다!

머무를까 또는 움직일까?

☆ 고정된 물체를 움직이려면 밀거나 당겨야 한다. 움직이는 물체를 멈추거나 방향을 바꾸려면 밀거나 당겨야 한다. 당연하다, 그렇지?

☆ 이러한 변화에 대한 저항을 '관성'이라고 한다.

☆ 차가 갑자기 멈출 때를 대비해서 우리가 안전띠를 매는 것도 이 관성 때문이야. 여러분도 관성을 이용한 멋진 묘기로 친구들을 놀래 줄 수 있다!

1 준비물:

 놀이용 카드
 동전
손가락

그림과 같이 손가락 끝으로 놀이용 카드를 균형 있게 잡는다. 그 위에 동전을 올린 다음 카드를 재빠르게 수평으로 휙 던진다. 동전은 어떻게 될까? 한번 해 봐!

2 준비물:

 식은 삶은 달걀
 요리되지 않은 날달걀

두 개의 달걀을 옆으로 눕힌 다음 손가락으로 돌린다. 이제 손끝으로 각 달걀을 차례대로 멈춘다. 날달걀은 관성이 의미하는 대로 내부가 여전히 돌고 있기 때문에 다시 움직이기 시작할 것이다!

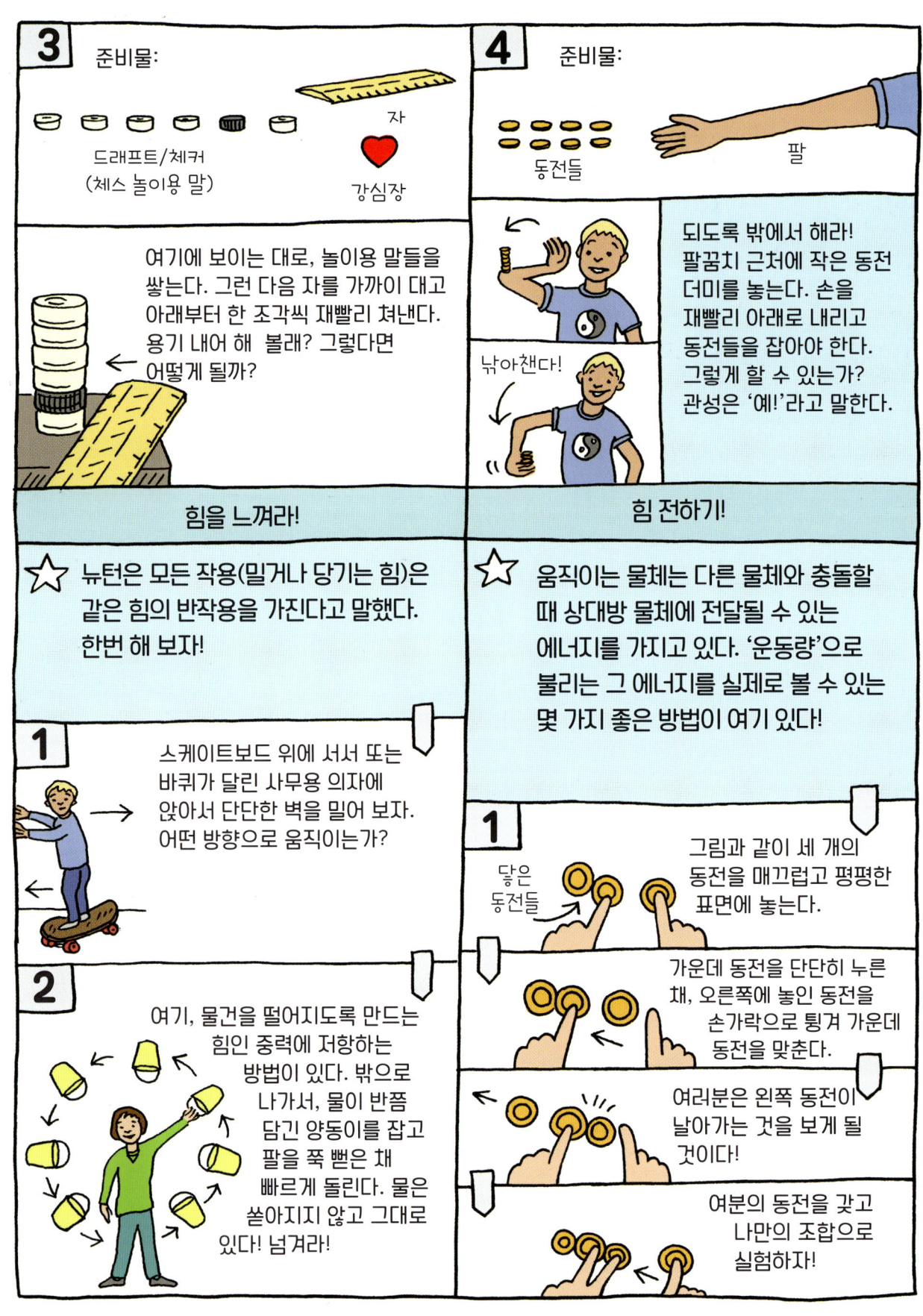

2 ☆ 구슬은 운동량을 보여 주는 데 최적화된 마술이다! 실험을 한번 해 보자!

준비물:

두 개의 자

여러 개의 유리구슬

'계곡'

자 두 개를 나란히 놓아 일종의 '계곡'을 만든다.

한 개의 구슬만 떨어지게 하고 나머지 구슬들은 서로 닿도록 몇 개의 구슬을 일렬로 놔둔다.

홀로 있는 구슬을 튕겨, 함께 닿아 있는 구슬들을 치게 한다. 무슨 일이 일어날까?

두 그룹 또는 그 이상의 그룹으로 구슬을 나누어 놓는 식으로, 구슬 조합을 다양하게 놓고 실험을 많이 해 보자. 운동량은 정말 놀랍다!

이러한 구슬들은 아이작의 이름을 따서 '뉴턴의 요람'이라고 불리는 과학적인 장난감의 간단한 버전이다.

3 ☆ 도미노 게임 자체가 아주 재미있지만, 이것은 도미노 한 상자로 여러분이 할 수 있는 가장 흥미진진한 실험일 것이다. 한번 해 보자!

28개의 도미노를 한 줄로 세운다. 몇 센티미터 간격으로 놓은 다음, 끝에 있는 하나로 민다.

밀어!

조각들이 넘어지면서, 각각의 도미노는 각자의 '움직이는 에너지'를 이웃한 도미노에게 전달한다.

세계 기록은 76,000개가 넘는 도미노를 세운 것이다!

거친 물질!

☆ 뉴턴은 거친 표면이 움직이는 물체의 속도를 늦춘다는 점에 주목했다. 바로 '마찰'이라고 부르는 힘이다.

이 교묘한 마찰 트릭을 시도해 보자! 긴 자나 판지로 만든 튜브 아래에 손을 놓는다.

양손을 천천히 모은다.

마찰 덕분에 양손은 항상 중간 지점에서 만나게 된다.

벨과 에디슨
소음을 내는 소년들

안녕! 나는 알렉산더 그레이엄 벨이고 전화기를 발명했어!

출생: 1847년 스코틀랜드
사망: 1922년 캐나다

나는 토머스 앨바 에디슨이고, 난 마이크를 발명했지.

출생: 1847년 미국
사망: 1931년 미국

그리고 축음기와 전기 그리고 영사기…

어휴!

에디슨과 나, 둘 다 소리를 다루는 과학에서 '제법 큰소리 내는 거물'이었지.

송화구 — 벨의 최초 전화기
축음기 — 에디슨의 녹음기

그리고 소리는 에너지의 한 형태지, 그렇지 않은가, 톰?

미안, 잘 못 들었어.

공기는 음파의 형태로 우리의 귀에 소리 에너지를 전달한다.

댕! 댕!

여러분이 귀로 들어오는 그런 음파를 막으면, 제대로 들을 수 없어.

뭐라고?

소리는 또한 탁자 표면과 같은 다른 물질을 통해서도 전달된다. 한번 들어 봐!

오! 신기해!
탁! 탁!

나는 소리를 사랑해! 어떻게 생각해, 톰?

귀마개를 발명했어야 했는데!

둥둥!

벨과 에디슨은 현대 통신에 혁명을 일으켰다.
이제 여러분이 소리 질러~!

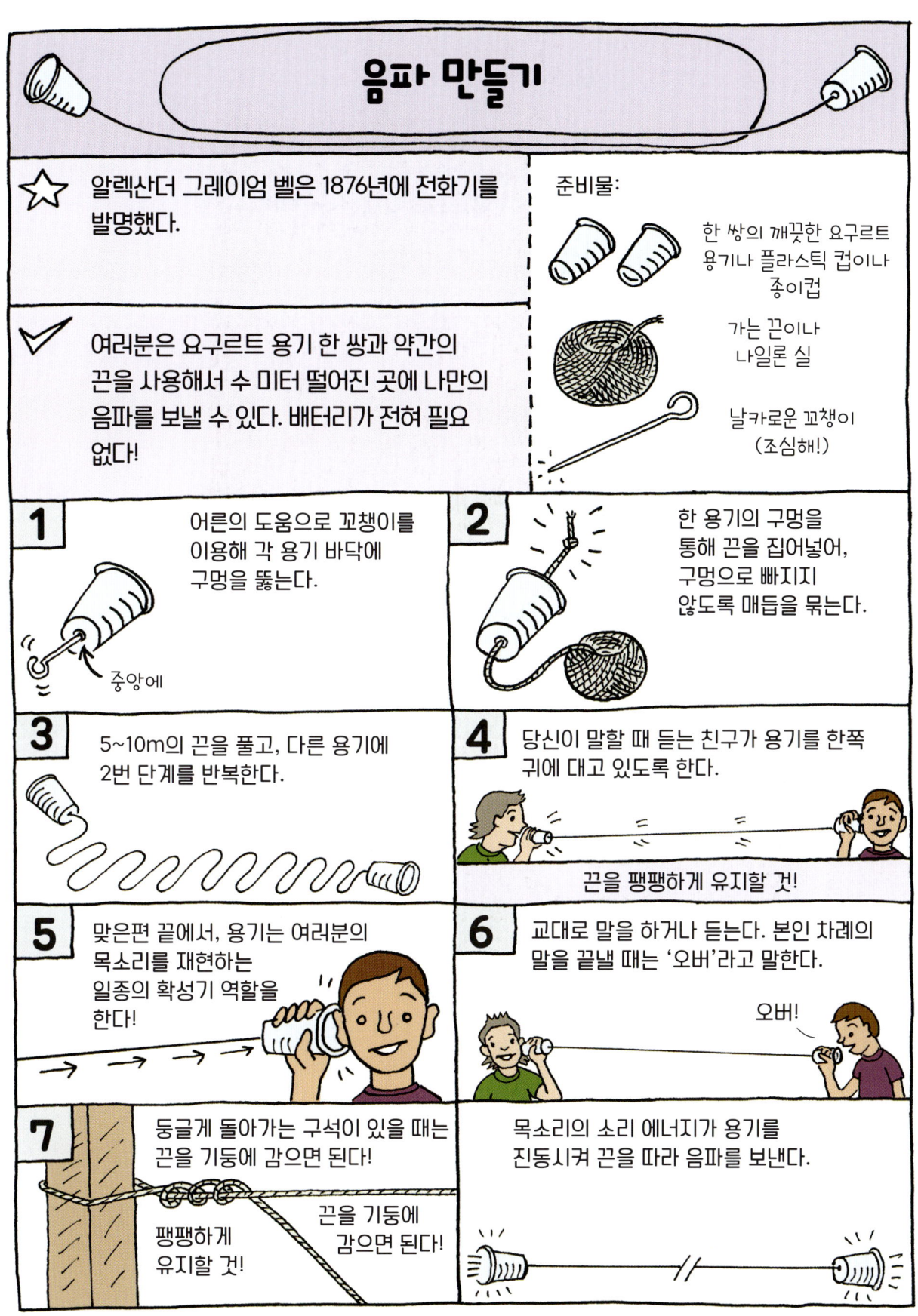

프랭크 휘틀
제트 엔진 발명가

출생: 1907년 영국
사망: 1996년 미국

안녕! 나는 프랭크 휘틀, 커다란 생각을 품은 작은 남자야.

나는 1930년에 팀을 이뤄 함께 제트 엔진을 발명했어.

최초의 특허!

제트 엔진은 앞에서 빨아들인 공기로 연료를 태움으로써 작동해.

버너 / 공기 / 뜨거운 가스

초기의 휘틀 제트 비행기

슈우웅!

뜨거운 배기가스가 팽창하면서 제트기를 앞으로 밀어내는 추진력이 생성되지!

간단히 말해서, 가스는 뒤로 가고 비행기는 앞으로 나아가는 거야. 여러분은 집에서 풍선으로 추진력의 한 형태를 재현해 볼 수 있어!

준비물:

풍선(긴 풍선이 가장 효과가 좋다)

강한 실 또는 나일론 실

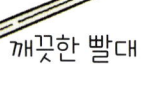
깨끗한 빨대

접착테이프

1 빨대를 통과시킨 줄을 고정된 물체에 묶는다. 실을 잘라 반대편 끝도 탁자와 같이 튼튼한 두 번째 물체에 묶는다.

빨대 / 줄을 팽팽하게 유지할 것!

2 풍선을 분다. 풍선 입구를 잡고 접착테이프를 이용해 풍선을 빨대 아래 붙인다.

3 이제, 시작. 슈우웅!

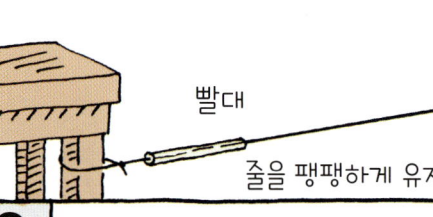
몇 번이고 반복함

팽창된 풍선 껍질에 저장된 에너지가 풍선 안의 공기를 뒤로 밀면서 풍선이 제트기처럼 앞으로 나간다!

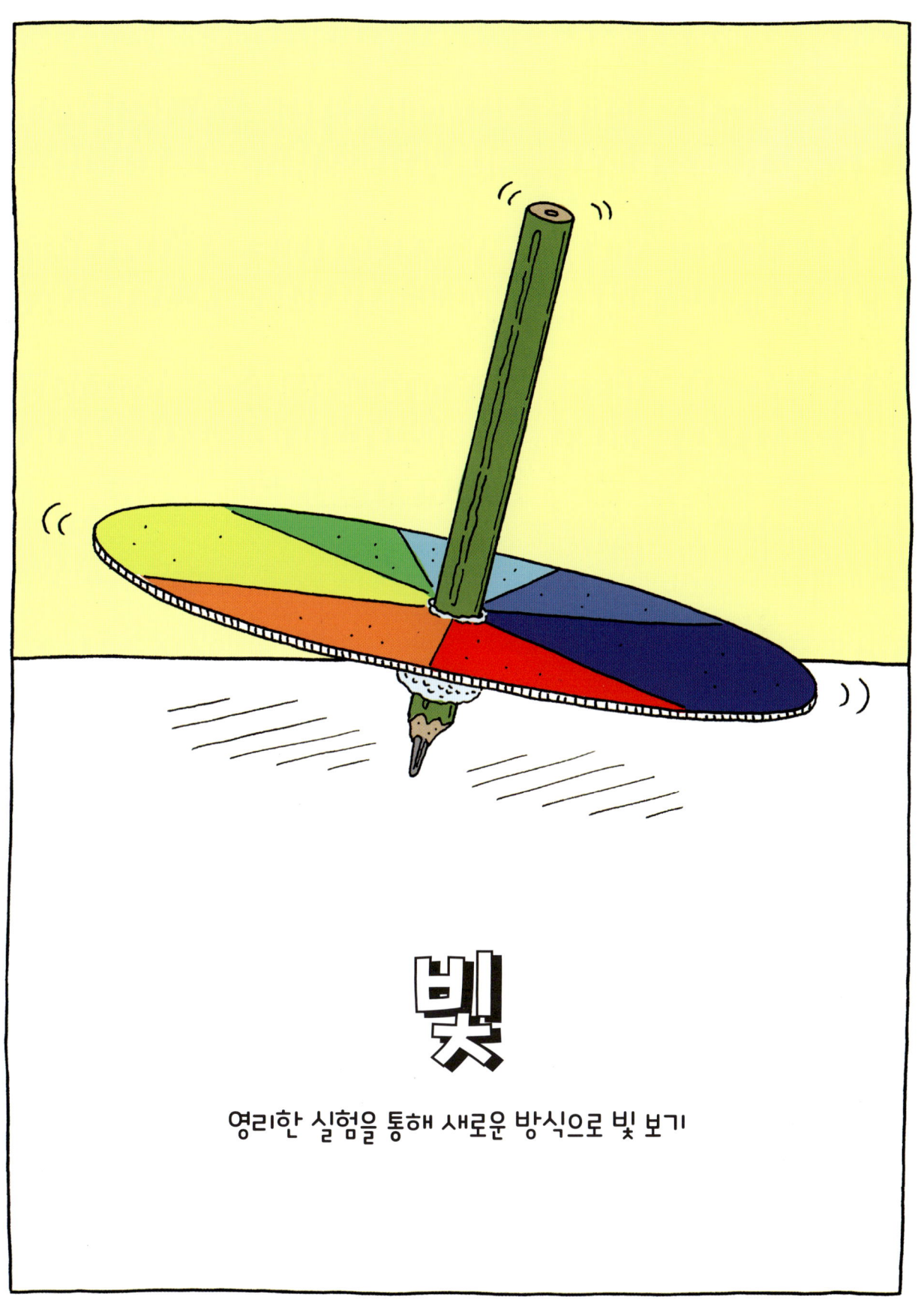

빛

영리한 실험을 통해 새로운 방식으로 빛 보기

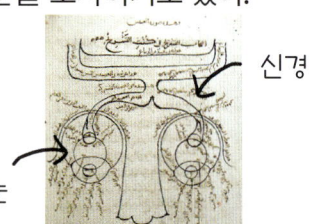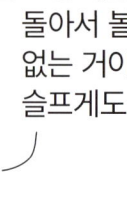

보다

비밀

⭐ 알하이삼은 '카메라 옵스큐라(어두운 방)'를 연구했다. 카메라 옵스큐라는 캄캄한 방 한쪽 벽에 구멍을 뚫어 바깥의 이미지가 안에서 거꾸로 투영되어 보이도록 만든 작은 방이다.

✓ 여러분은 일명 '핀홀 카메라(바늘구멍 사진기)'라는 작은 버전을 집에서 쉽게 만들 수 있다!

준비물:
- 신발 상자 크기의 두꺼운 판지 상자
- 주방용 포일 조각
- 투사지/베이킹 페이퍼
- 접착제
- 가위
- 핀 (조심해!)

1 상자 한쪽 끝 중앙에 작은 구멍을 내고 반대쪽 끝은 직사각형 모양으로 잘라낸다.
앞면 뒷면

2 작은 구멍은 주방용 포일을 덮어 접착제로 붙인다.
포일

3 포일에 핀으로 구멍을 낸다.
조심!

4 반대편 끝에 투사지나 베이킹 페이퍼를 붙여 보기 화면을 만든다.
반듯하게 붙일 것!

5 어두운 방에서, 바늘구멍 부분을 밝게 빛나는 전구를 향하도록 놓는다.
보기 화면에 전구의 뒤집힌 이미지가 보일 것이다.

6 빛은 직선으로 이동하기 때문에 이미지가 뒤집혀 있다.
실제 모습 바늘구멍 스크린에 비친 모습

7 햇볕이 잘 드는 날에는 실외에서, 여러분의 머리 위에 덮개를 씌운 채 핀홀 카메라를 사용해 보기 바란다.

부딪히지 않도록 조심해!

아이작 뉴턴
무지개에 빠진 남자

출생: 1642년 영국
사망: 1727년 영국

안녕! 나는 슈퍼 과학자 아이작 뉴턴이야. 내 연구실에 온 걸 환영해.

여긴 어둡네? 뭔가 깜짝 놀랄 빛을 쏘아 줄게.

유리 프리즘!

햇빛 한 줄기

나는 이런 실험이 정말 좋아! 빛이 프리즘 위에 비스듬히 떨어지고,

빛이 유리를 통과해 굴절되면 '스펙트럼'으로 알려진 총천연색 띠로 갈라진다.

이 색들이 여러분이 무지개에서 보는 것과 똑같은 색들이지.

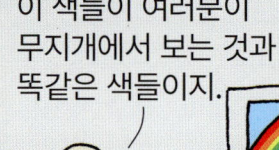

흰 스크린

프리즘은 특별한 삼각기둥 모양의 유리 렌즈다.

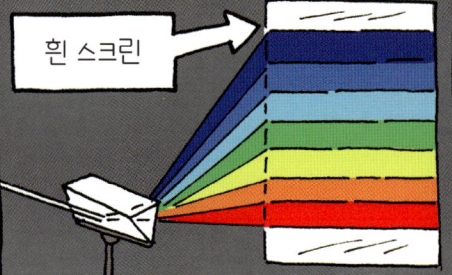

무지개에서, 빗방울은 작은 프리즘 역할을 한다.

뉴턴이 등장하기 전, 사람들은 빛에 대해 약간 다른 생각들을 갖고 있었다.

나는 하얀색으로 보이는 물체는 스펙트럼에 있는 모든 색을 반사하기 때문이라는 사실을 처음 보여 준 사람이야.

그리고 이 단순한 원반이 내게 그것을 증명하도록 도와줬지!

흰색 빛에는 색이 없어.

← 실수한 과학자

이 원반은 뭘까? 나만의 무지개를 만들고 싶니? 다음의 지시만 따르면 돼!

66

환상적인 빛!

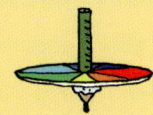 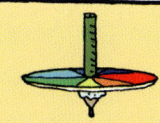

★ 흰색 빛은 가시광선의 모든 색이 혼합된 결과라는 뉴턴의 말이 옳았다.

✓ 다음은 미니 무지개를 만드는 방법과 스펙트럼을 다시 결합하는 방법이다!

무지개 만들기!

준비물:

 깨끗한 물이 담긴 얕은 접시

 작은 거울

 밝은 흰색 빛을 내줄 손전등

 하얀색 판지나 종이

1 어두컴컴한 방에서, 거울을 접시 물이 반쯤 잠기게 접시 안에 비스듬히 놓는다.

2 빛이 판지에 반사되도록 거울의 잠긴 부분에 전등 빛을 비춘다. 무엇이 보이니?

습기가 찬 날에 바깥에서 일어나는 비슷한 과정이 판지에 떠올 것이다.

무지개 되돌리기!

✓ 아이작이 들고 있는 원반은 '뉴턴의 바퀴'로 알려져 있다. 여러분이 직접 만들어서 무엇이 나타나는지 돌려 보자!

준비물:

 지름 약 10cm에 7개의 같은 조각으로 나뉜 둥근 카드

 뾰족하게 깎은 짤막한 연필과 몇 가지 컬러 펜이나 펜슬

 끈적끈적한 점토 접착제

1  원판의 각 부분에 빨간색, 주황색, 노란색, 녹색, 파란색, 남색, 보라색을 칠한다.

2 끈적끈적한 점토 접착제를 원판 아래 붙이고 원판 중앙에 연필을 통과시켜 팽이를 만든다. ← 조심!

3 원판을 돌려 무슨 일이 일어나는지 보자!

그 빨갛돌던 색깔이, 돌리고, 흰색이 보인다.

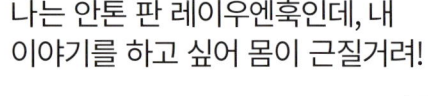

크게 보기!!

 현대의 광학 현미경은 이미지를 더 크게 보이게 하려고 두 개 이상의 렌즈를 가지고 있다.
판 레이우엔훅이 만든 모델은 렌즈가 하나만 있는데, 정말 작지만 매우 강력한 확대경이다!

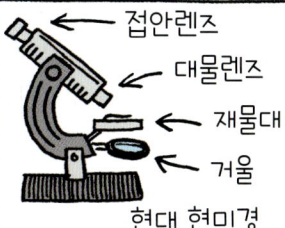

현대 현미경

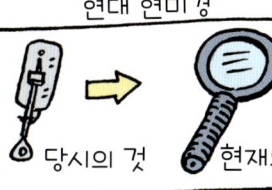

당시의 것 　 현재의 것

 여러분은 집에서 아주 간단한 버전의 돋보기를 만들 수 있다.

준비물:

평평하고 작은 조각으로 주스 병이나 식품 포장에서 뗀 깨끗한 플라스틱

차가운 수돗물

밝은 전등이나 햇빛

1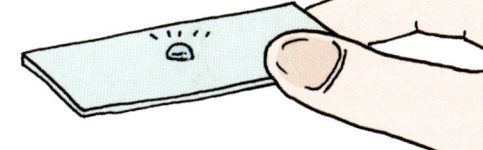

깨끗한 플라스틱 조각 위에 차가운 물 한 방울을 놓는다.

2 여러분이 확대하고자 하는 것 위에 물방울을 최대한 조심스럽게 놓는다. 물방울이 작은 렌즈 역할을 한다.

3  이미지가 뚜렷이 보이도록 물방울에 한쪽 눈을 매우 가깝게 댄다.

4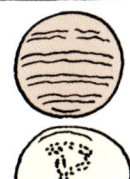

능선
인쇄된 활자

연습해서 익숙해지면, 여러분은 손가락 지문에 있는 능선, 인쇄된 활자를 구성하는 점들 그리고 다른 많은 것들을 볼 수 있게 된다!

 놀랍게도, 얇은 카드 조각에 있는 아주 작은 구멍을 통해서 그것들을 들여다봐도 더욱 가까이서 볼 수 있다. 한번 해 보자!

알베르트 아인슈타인
물리학의 마법사

출생: 1879년 독일
사망: 1955년 미국

안녕! 나는 위대한 이론 물리학자 알베르트 아인슈타인이야.

사람들은 나를 '천재'라고 부르지만 솔직히 말해서, 이런 머리로?

그런데 내가 좀 대단한 일을 하긴 했지.

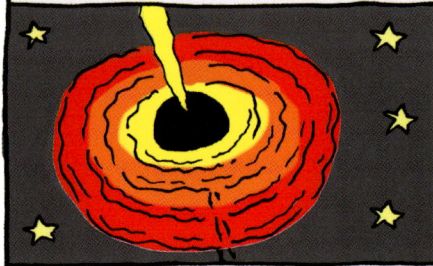

블랙홀의 존재를 예언했다던가!

세계에서 가장 유명한 과학 방정식을 생각하기도 했지.

$$E = mc^2$$

E= 에너지, m= 질량, c= 빛의 속도

나는 빛의 속도*보다 더 빠른 것은 없다고 생각했어.

*1초당 300,000km

심지어 그런 속도로도 햇빛이 우리에게 도달하는 데 8분이 넘게 걸린다니!

서둘러!

놀랍게도, 여러분이 빛보다 더 빨리 움직일 수 있다면, 시간을 거슬러 여행할 수도 있어!

하지만 그건 불가능해. 그렇지 않니?

안녕! 나는 위대한 이론 물리학자 알베르트 아인슈타인이야.

과학자들은 빛의 속도를 계산하는 데 수 세기가 걸렸어. 여러분은 집에서 몇 분 안에 계산해낼 수 있지!

마이크로 라이트

☆ 우리가 태양으로부터 얻는 빛의 파동 같은 마이크로파는 보이지 않는 파동이(80페이지 참조) 빛의 속도로 이동하는 에너지의 한 형태다.

준비물:

 전자레인지

오븐 장갑

얕은 전자레인지용 접시(비금속)

미니 마시멜로 한 봉

센티미터 눈금자

계산기

✓ 어른의 도움을 받아, 여러분은 집에서 직접 그 속도를 계산할 수 있다!

1 먼저 전자레인지에서 주파수가 2450MHz(메가헤르츠)에서 작동한다고 적힌 라벨을 찾는다.

2 주파수를 종이에 적는다. 지금 전자레인지로 가고 있겠지?

3 전자레인지에서 접시와 턴테이블을 꺼내 안전한 곳에 둔다.

4 접시에 미니 마시멜로를 한 층 덮는다.

5 전자레인지 안에 넣고 문을 닫는다.

6 30초 동안 가장 높은 설정에서 요리하기 시작한다. 일부는 녹을 것이다!

7 오븐 장갑을 사용하여 접시를 꺼내, 녹은 영역의 중간에서 다음 영역의 중간까지의 거리를 센티미터 단위로 측정한다.

8 이 거리를 적어둔다(약 6 센티미터 정도 될 것이다).

9 이제 계산기를 사용해서 이것을 계산한다.

빛의 속도 ('c') = _____ x _____ x 초당 20km.
　　　　　　　　주파수　　　　거리
　　　　　　　(메가헤르츠)　　(CM)

실제 수치인 30만 km/sec에 얼마나 근접했는가?

갈릴레오 갈릴레이
별을 추앙하는 슈퍼스타

출생: 1564년 이탈리아
사망: 1642년 이탈리아

안녕! 나는 이탈리아의 위대한 과학자이자 사상가인 갈릴레오야!

과학이 발명한 가장 위험한 장치 중 하나를 내 옷 안에 숨겨놨어.

바로 망원경!

1.2미터가 넘는 길이!

갈릴레오가 직접 만들다!

이것이 내가 직접 만든 망원경 중 하나야.

접안렌즈

대물렌즈

(현재는 이탈리아 박물관에 전시되어 있음!)

내가 망원경을 발명하지는 않았지만, 밤하늘을 연구하기 위해 망원경을 사용한 최초의 인물이지.

망원경을 이용해 달의 분화구를 그렸어.

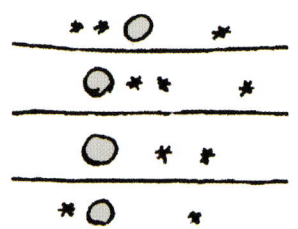

그리고 목성 주변의 궤도를 도는 새로운 위성들을 발견했고!

1609년부터

나는 우주를 연구하면서 차차 지구가 우주의 중심이 아닐지도 모른다는 의심이 들었지.

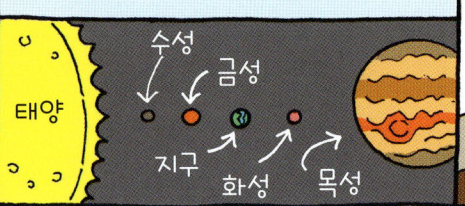

태양 / 수성 / 금성 / 지구 / 화성 / 목성

이것은 위험한 사상으로 여겨졌어. 그래서 집에 갇혀 죄수로 지냈지.

흠, 저것이 다가오는 것을 봤어야만 했는데. 오, 음!

갈릴레오는 위대한 천문학자였다.
이제 여러분이 직접 별을 관찰하자!

 # 별에 완전히 반하다!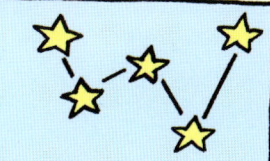

- ✓ 천문학은 좋은 취미이다. 만약 여러분이 어둠 속에서 별을 관찰하러 간다면 반드시 어른에게 말하고, 여러분의 정원처럼 안전한 장소를 선택하자.

- ✓ 별을 보는 데 그렇게 많은 것은 필요 없다 (다음 내용 참조). 하지만 갈릴레오의 망원경처럼 여러분도 더 간단한 버전의 망원경을 만들 수 있다!

준비물:

 쌍안경이 저렴한 망원경보다 더 좋다. '8 X 40'은 처음 시작하기에 괜찮은 크기다.

 스타 가이드를 사거나 빌리고, 그것을 읽을 손전등을 가져간다.

 따뜻한 옷을 입어야 한다. 밤에는 밖이 추워질 수 있다!

별 보기

무엇을 발견할까

준비물:

 돋보기 두 개

1  돋보기 하나는 눈 가까이 대고 다른 돋보기는 팔을 좀 더 뻗어 앞에 둔다.

2  이미지의 초점을 맞추기 위해 두 번째 돋보기를 앞뒤로 움직이며 두 개의 돋보기를 통해 물체를 보자. 무엇이 이상한가?

거꾸로 보이는 물체를 보게 될 것이다!

☆ 밤하늘은 1년 중 시기와 여러분이 있는 위치에 따라 달라진다. 여기 별들이 모여 형성된 유명한 '별자리'가 몇 개 있다.

 큰곰자리(북두칠성) 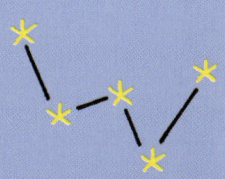 카시오페이아자리

1 북반구

 남십자자리 (남십자성) 까마귀자리

2 남반구

달이 정말 좋아!

달은 지구의 유일한 천연 위성이다. 지구 궤도를 한 바퀴 도는 데 27일이 걸리고 태양이 비추는 각도에 따라 '새로이' 차오르다가 '가득 찼다'가 차차 기울었다가 '다시 새로' 차오르는 단계의 순환이 이루어진다.

삭	 차오르는 초승달	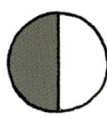 첫 번째 상현달
 차오르는 철월	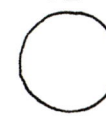 보름달	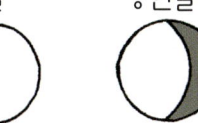 지는 철월
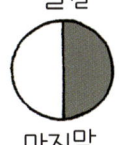 마지막 하현달	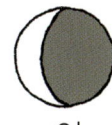 기우는 그믐달	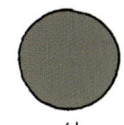 삭

 오렌지에 손전등을 다른 각도에서 비춤으로써 위와 같은 단계를 시연해 볼 수 있다.

마지막 하현달	보름달	삭	기울어가는 그믐달

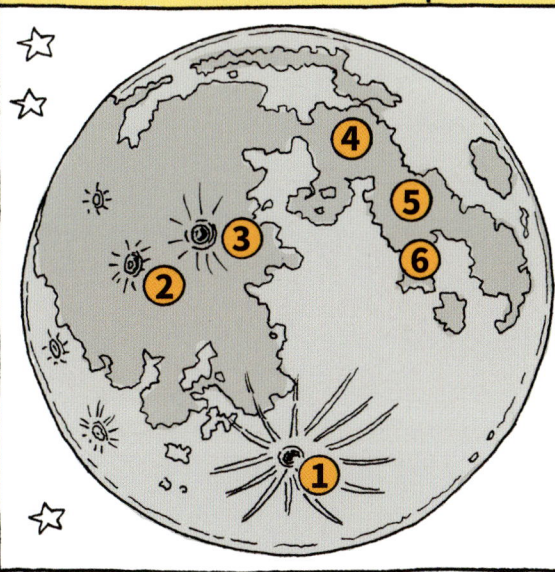

쌍안경을 보는 것이 도움이 되긴 하겠지만, 여러분은 눈으로도 달의 많은 특징을 볼 수 있다. 여섯 가지 장소가 있다.

분화구는 무언가가 달의 표면에 충돌하면서 생겨난 것인데, 주로 천문학자들의 이름을 따서 명명된다.

1. 티코 **2.** 케플러
3. 코페르니쿠스 달의 바다(오래된 화산 활동의 어두운 구역)
4. 평온의 바다 **5.** 고요의 바다
6. 아폴로 11호 착륙 장소

캐롤라인 허셜
혜성 사냥꾼

출생: 1750년 독일
사망: 1848년 독일

안녕! 나는 자그마한* 영국계 독일인 천문학자 캐롤라인 허셜이야! 나이는 97세!
나 좀 날려 줘!

* 캐롤라인은 키가 130cm였다!

그렇지만 그것만이 내 놀라운 성취는 아니야.
이런! 드디어 자유다!

내 오빠인 윌리엄은 영국의 왕을 위해 일하는 천문학자였어.
윌리엄 허셜
윌리엄은 1781년 우연히 천왕성을 발견했지.

1782년에 윌리엄은 내게 망원경을 만들게 했어. 오빠가 '하늘을 완전히 쓸어버리는 것'을 내가 도울 수 있도록.

더 젊은 캐롤라인

나는 그것을 너무 능숙하게 잘했기 때문에, 새로운 혜성을 여덟 개나 찾아냈어!
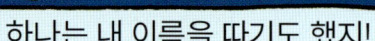
하나는 내 이름을 따기도 했지!

내가 공책에 기록하고 그린 모든 것.
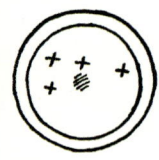
별 = *
혜성 = ☄

왕은 우리가 당시 세계에서 가장 큰 망원경을 만들 수 있도록 도와주기도 했어.

(어떤 낡은 인쇄물에서 발췌)

그리고 왕은 내가 그 일을 계속할 수 있도록 격려하는 의미에서 매년 50파운드의 돈을 주었어!

과학자로서 월급을 받은 최초의 여성이었지!

난 평생에 걸쳐, 윌리엄과 함께 2000개가 넘는 별을 발견했지. 그리고 상도 많이 탔어.

그렇지만 난 그때 이미 매우 오래 살았어.
나 돌아왔다!

캐롤라인은 뛰어난 혜성 사냥꾼이었어! 이제 이토록 빠르게 우주를 이동하는 것에 대해 더욱 많이 알아보도록 하자!

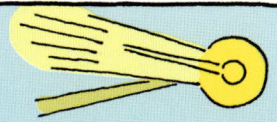 # 기이한 우주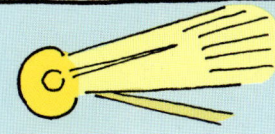

 혜성은 다소 이상한 물체다. 그들은 실제로 차가운 얼음덩어리와 먼짓덩어리이며 '더러운 눈덩이'라는 별명을 가지고 있다!

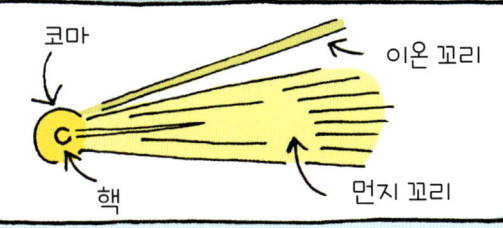
혜성의 구성

 비록 일부 혜성은 지구에 가까이 오기도 하지만, 혜성은 태양계를 가로지르는 거대한 타원형의 궤도를 따라 이동하며, 태양 주위를 돈다.

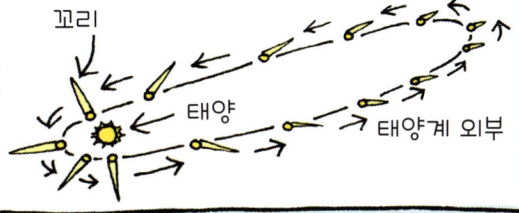
전형적인 혜성의 궤도

 혜성이 태양 가까이에 가면 핵에서 가스와 먼지가 방출되어 코마가 만들어지고, 태양 빛과 태양풍에 의해 태양 반대 방향으로 꼬리가 만들어진다.

준비물:
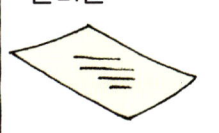 종이
 연필
 접착테이프

1  종이의 절반 되는 지점에 연필을 가로질러 놓고 종이를 반으로 접는다.

 혜성의 꼬리는 먼지와 이온(충전된 입자)이 합쳐진 것으로, 태양에 가까워질수록 더욱 확 타오른다.

2 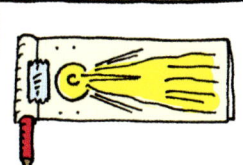 연필을 감싸며 종이를 몇 바퀴 감아 준다.

3 테이프로 제자리에 고정한 다음 종이 양면에 혜성을 그린다.

 다음과 같은 간단한 단계를 따라, 꼬리가 돌아가는 나만의 종이 혜성을 완성하자!

4 혜성을 향해 바람을 세게 불면 꼬리는 항상 여러분과 떨어져서 돌게 된다.

 # 뜨거운 것

☆ 윌리엄 허셜은 여동생 캐롤라인과 함께 혜성과 별을 발견했을 뿐만 아니라, 사물을 뜨겁게 만드는 보이지 않는 새로운 형태의 에너지가 햇빛에 포함되어 있다는 사실도 발견했다.

☆ 오늘날 우리는 이 에너지를 적외선 또는 줄여서 'IR'이라고 부른다.

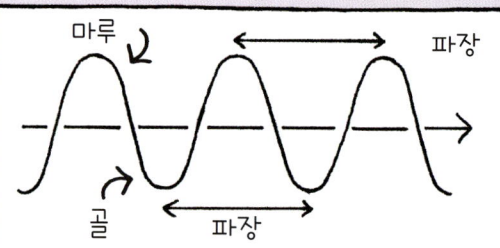

적외선은 가시광선과 마찬가지로 파동 에너지로서 빛의 속도로 이동한다. 두 개의 마루 또는 골 사이의 거리는 '파장'이다.

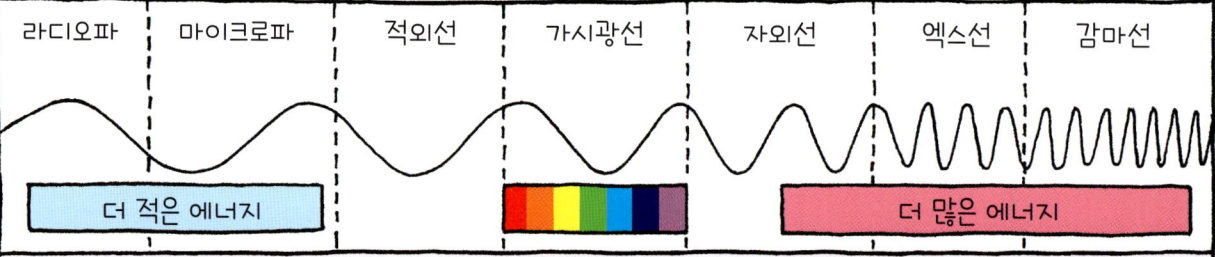

☆ 적외선은 전자기 스펙트럼으로 알려진 파동 에너지 범위의 일부이다. 이러한 방사선의 일부는 유익하고 일부는 매우 해로울 수 있다.

열기 느끼기!	조종하기!
인간을 포함해서 모든 따뜻한 물체는 적외선을 방출한다. 우리가 라디에이터나 불에서 느끼는 온기는 사실 적외선을 감지하는 피부의 센서들이다!	TV 리모컨은 적외선을 방출시켜 TV가 무엇을 해야 할지 알려 준다. 모든 방사선과 마찬가지로, 적외선 또한 직선으로 이동하므로 여러분은 벽에다 적외선을 반사시켜 TV에 도달하게 할 수 있다.

 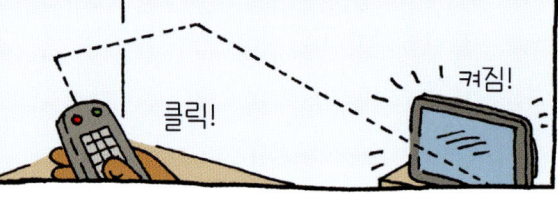

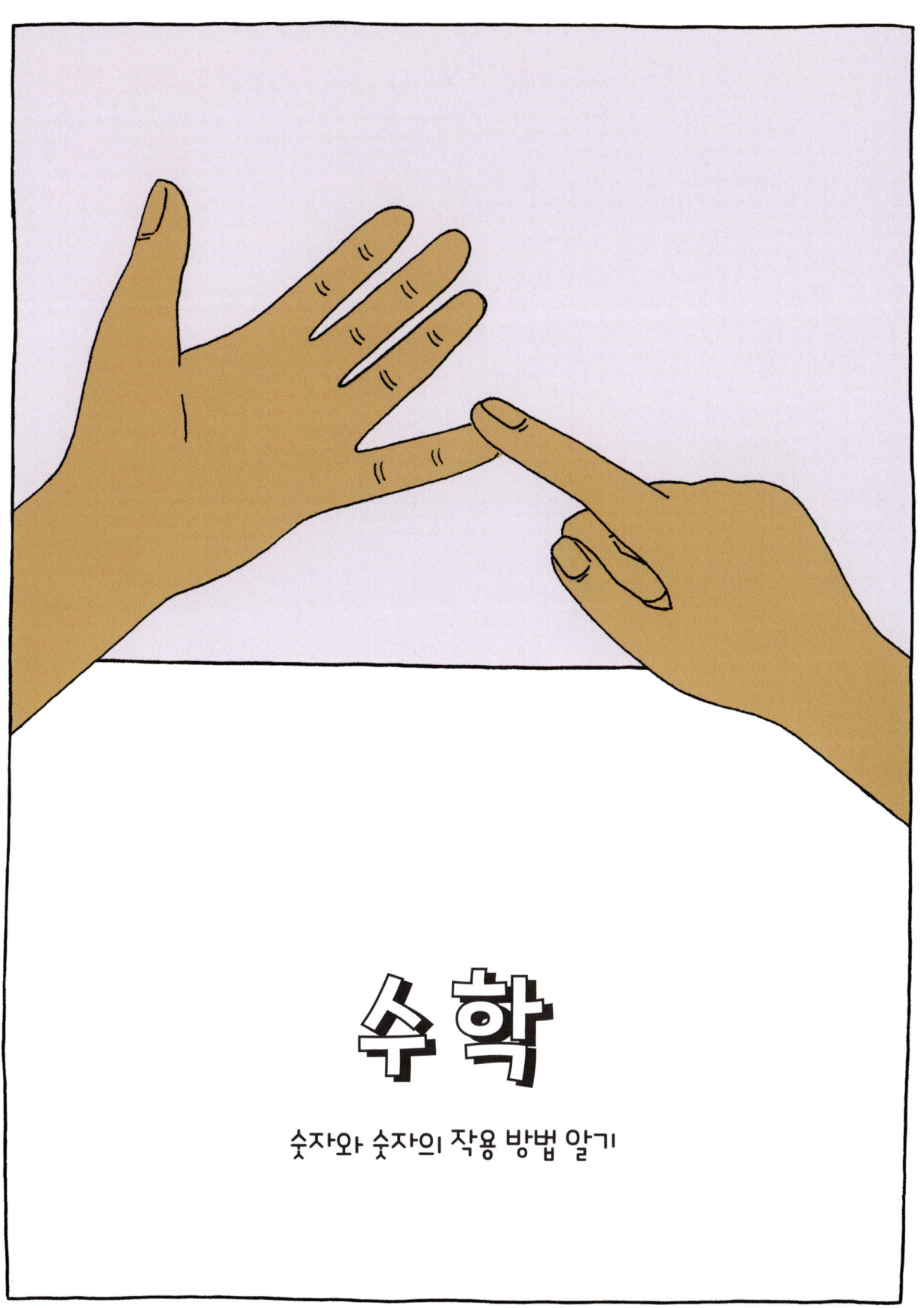

수학

숫자와 숫자의 작용 방법 알기

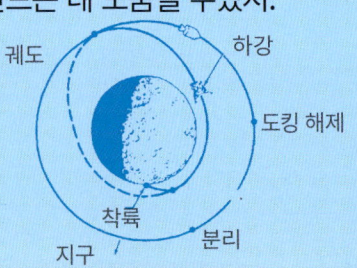

간편한 손 수학!

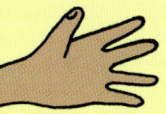 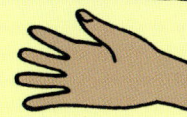

✓ 대부분의 사람들은 수학을 할 때 가끔 손의 도움이 필요하다. 손가락으로 수를 세는 것 말고, 이러한 '간편한 손' 수학 묘기를 시도해 보면 어떨까?

연속으로 아홉	꿀팁
☆ 이렇게 하면 최대 90까지 구구단의 9단이 제공된다!	☆ 이것은 러시아 농부 곱셈으로 알려져 있다.

1 앞에 있는 테이블 위에 손을 펴서 올려놓은 다음 손가락마다 1에서 10까지 매겨져 있다고 상상한다.

1 여러분의 손가락이 이런 식으로 숫자가 매겨져 있다고 상상한다(손가락에 써도 된다)!

2 예를 들어 3 × 9의 해답을 알고 싶다면, 3이라는 숫자가 매겨진 손가락을 접는다.

이제 약간의 '수학 마술'이 등장한다!

2 이제 곱셈을 하기 위해, 8 × 9라고 말하고 해당하는 손가락들을 서로 맞댄다.

3 점선 위 모든 손가락을 '십'으로 센다.

7×10=70

2×1=2

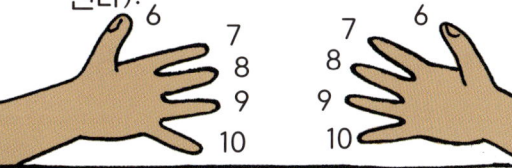

점선 아래 손가락들은 서로 곱한다.

3 접은 손가락의 왼편에 해당하는 손가락 개수는 해답에서 '십의 자리'에 있는 숫자를 나타낸다. 오른편에 있는 손가락 개수는 '일의 자리'를 나타낸다.

따라서 해답은 다음과 같다.
(10 × 2) + 7 = 27!

어떤 계산에서든, 두 개의 맞닿은 손가락 위에 해당하는 손가락 개수는 '십의 자리'다. 여기서는 '7'이다. '일의 자리'는 그 아래 손가락들을 서로 곱하면 된다.

(7×10)+(2×1)=72 맞았다!

다른 수에도 '9배'를 해서 해답을 구해 보자!	다른 숫자도 조합해 보자!

일이 잘 풀린다

 여기 여러분이 언젠가 세계 기록 보유자가 될 수 있는 몇 가지 실제적인 수학이 있다!

 많은 사람은 종이 한 장을 반복해서 7번 이상 반으로 접는 것은 불가능하다고 믿는다. 하지만 그게 정말 사실일까?

자, 그것을 알아낼 수 있는 한 가지 방법이 있다!

1 신문지 같은 얇은 종이 한 장으로 시작한다. 얇고 클수록 더 좋다!

2 종이를 평평하게 편 뒤 반으로 접는다.

접을 주름을 잡은 다음 그것을 반으로 다시 접는다.

3 종이를 접을 때마다 두께가 두 배로 늘어난다.
7번을 접을 수 있을까?

시작	1번 접기	2번 접기	3번 접기
	(1×2)	(2×2)	(2×2×2)
종이 1장의 두께	종이 2장의 두께	종이 4장의 두께	종이 8장의 두께

4번 접기	5번 접기	6번 접기	7번 접기
(2×2×2×2)	(2×2×2×2×2)	(2×2×2×2×2×2)	(2×2×2×2×2×2×2)
쉽지 않다!	점점 더 어려워지고 있다!	어렵다!	할 수 있을까?
종이 16장의 두께	종이 32장의 두께	종이 64장의 두께	종이 128장의 두께

일곱 번 이상 접었다고? 그렇다면, 잘했어!
그런데 8번 접힌 종이 뭉치는 얼마나 많은 종이가 겹친 걸까?

(해답은 아래에)

★ 놀랍게도, 2002년, 미국의 고등학생 브리트니 갤리반이 길고 얇은 종이를 반으로 접어서 세계 신기록을 세웠다!

브리트니 갤리반(1985년생)과 그녀의 두루마리 휴지

★ 브리트니는 1.2킬로미터 길이의 매우 얇은 화장지 롤을 사용하여 기록을 세웠다! 이것은 집에서 사용하는 표준 화장지 롤(약 20미터)보다 약 60배가 더 길다!

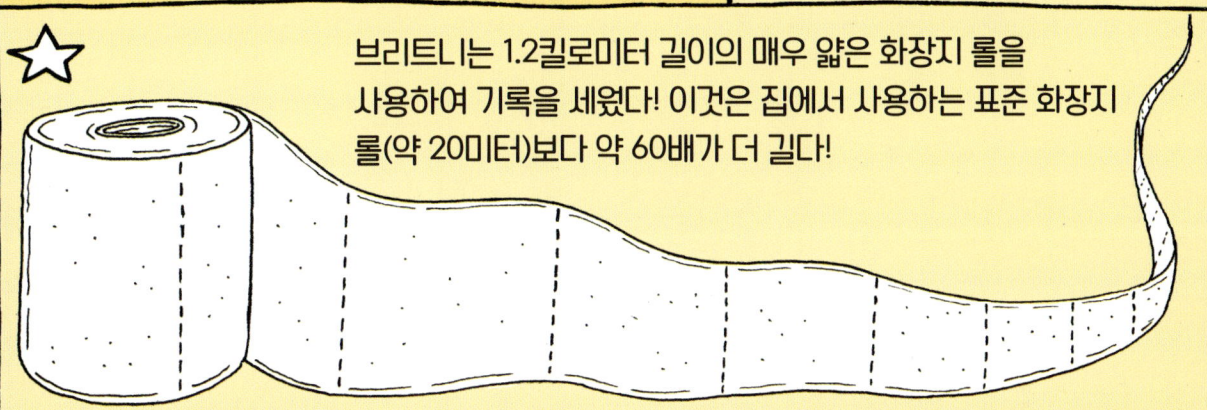

★ 어른에게 여분의 두루마리 휴지를 달라고 부탁해서 넓은 공간을 찾아 스스로 브리트니의 개인 기록을 뛰어넘을 수 있는지 살펴보는 건 어떨까?

 수학의 귀재인 브리트니는 종이를 계속 접을 때마다 종이의 두께를 계산해낼 수 있는 영리한 공식도 생각해냈다. 단지 23번만 접어도 1킬로미터가 넘는 두께의 종이 뭉치가 된다!

그리고 42번만 접어도 그 두께가 달까지 도달할 수 있다!

8번 접으면 256장(2×128)의 종이 뭉치가 된다.

미래를 위한 대비

과학, 기술, 공학, 수학 중에서 어느 것을 가장 좋아해?

자신의 미래 모습 그리기

메리 서머빌은 과학과 수학의 많은 분야를 탐험했다. 오늘날 우리는 과학(Science), 기술(Technology), 공학(Engineering), 수학(Mathematics)을 합쳐 'STEM(스템)' 과목이라고 부른다.

이 재미있는 테스트는 하나로 이어지는 과학의 길을 보여 준다. 주제를 선택한 다음 여러분이 가장 좋아하는 길을 따라가면 가능성 있는 미래의 멋진 직업이 나온다!

물리학

컴퓨터 엔지니어: 회로를 설계하고 구성한다.

로봇 공학자: 인공 지능을 바탕으로 인간을 위해 '생각하고 행동'할 수 있는 기계를 개발한다.

환경 엔지니어: 자연환경을 개선한다.

천체 물리학자: 별과 행성 그리고 우주를 연구한다.

물질과학자: 새로운 물질을 개발하고 실험한다.

기후 과학자: 지구의 날씨와 기후의 변화를 모니터링하고 예측한다.

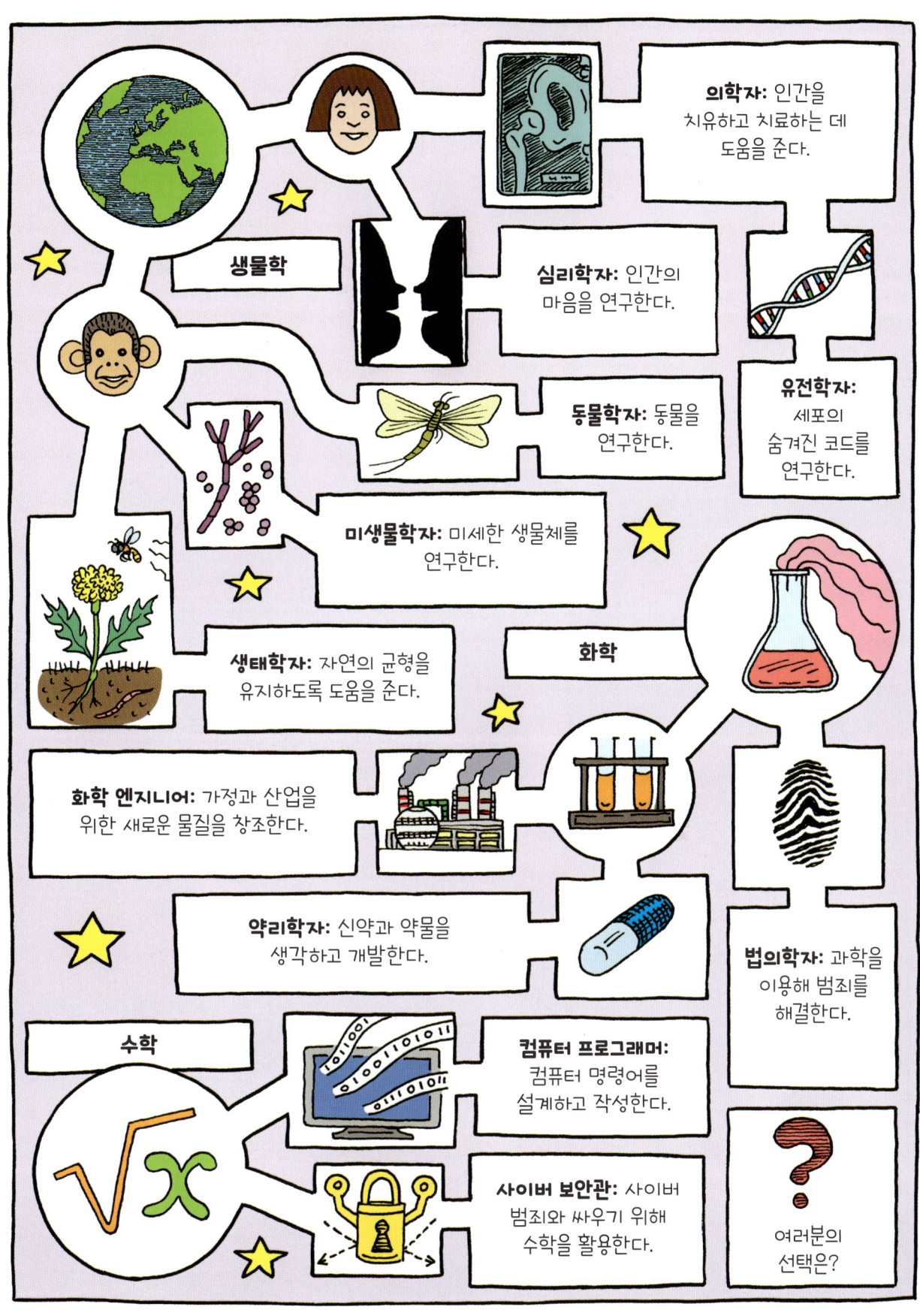

마이크 바필드
과학책 작가

출생: 1962년 영국의 레스터

안녕! 내 이름은 마이크이고, 이 책을 쓰고 그린 사람이야!

이 책은 내가 가장 좋아하는 두 개가 결합해 있다는 점에서 정말 재밌어.

만화책!
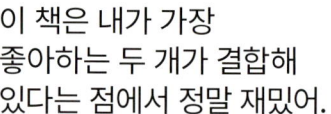

그리고 흥미로운 과학이지!

40페이지에 더 나은 모델이 있다.

← 나
← 어색 어색.

얘가 나야. 다섯 살 무렵 집에서의 모습인데…

그 나이 즈음 학교에서의 첫날을 아직도 기억할 수 있어. 어떤 다른 아이가 간단한 종이비행기 만드는 법을 가르쳐 줬는데, 그게 정말 힘이 되었어.

← 매우 기본적인 종이비행기!

31페이지를 봐.

쉰 살이 넘어서도 아직 종이비행기를 만들어 날려.

그리고 여전히 내게 힘이 되지!

그런데, 나를 정말 들뜨게 했던 친구는 간단하지만 신기한 과학 마술을 보여 줬던 친구였어.

유리잔에 담긴 손수건을 물탱크에 밀어 넣었는데 손수건은 하나도 젖지 않았거든!

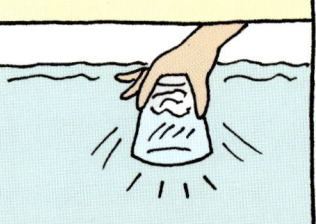

그 이유는 44페이지에서 찾아봐!

그때부터 나는 평생 과학에 사로잡히게 되었어!

그 뒤 몇 년에 걸쳐, 나는 우리 집에 있던 어린이 과학책들에 실린 모든 실험을 따라 했어.

콩 씨앗 기르기

뉴턴의 컬러 바퀴

정전기

이 책에 실린 것과 똑같다!

12살 때, 나는 야생 동물, 특히 새에 열광했어.

항상 그것들을 그렸어!

내 실제 그림 중 하나.

마침내 대학에 가서 생물학을 공부하면서 3년을 보냈지만. 여러분도 그런 모든 만화가 기억나지? 나 역시 재미있게 글도 쓰고 그림도 그리고 싶었어.

그래서 요즘 내가 하는 일이 바로 이거야! 어린이들을 위한 재미있는 과학책을 만들지. 두 가지 모두를 만족해!

그것이 모두 과거의 이 사람들을 따라 한 덕분이야!

안녕!

이 책을 읽어 줘서 고마워. 이제 여러분이 직접 해 보자!

단어 풀이

원자
물질을 이루는 기본 입자. 원자는 매우 작으며 다른 원자와 함께 우주의 모든 것을 만들어낸다. 하나의 핵과 이를 둘러싼 여러 개의 전자로 구성되어 있다.

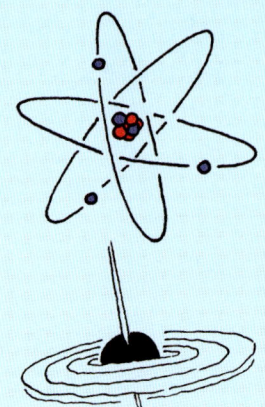

블랙홀
빛조차도 벗어날 수 없는 강한 중력과 같은 힘을 가진, 초고밀도 물질이 있는 공간 영역이다.

세포
생물체를 이루는 가장 작은 기본 단위. 세포는 자신이 하는 일에 따라 다양한 유형으로 나타난다. 식물 세포는 그들을 지탱하기 위해 단단한 벽을 가지고 있다.

전자석
연철봉에 코일을 감아 만든다. 코일에 전류가 흐르면 자기 효과가 발생한다.

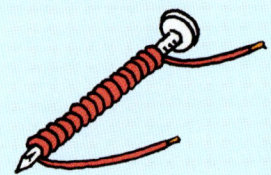

진화
생물이 시간이 지나면서 변화하여 초기 종에서 새로운 종이 발생하는 자연 과정이다.

샘(분비선)
몸속에서 물질을 분비하고 배설하는 기능을 하는 세포들이 모여 있는 조직이다.

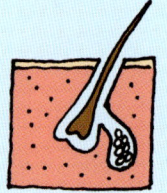

애벌레
알에서 나와 아직 다 자라지 아니한 벌레로, 다 자란 성충과 상당히 다르게 보이는 경우가 많다. 예를 들어, 날갯짓하는 예쁜 나비와 꿈틀거리는 애벌레는 모습이 완전히 다르다.

한살이
생물이 세상에 태어나서 죽을 때까지의 과정. 예를 들어, 나비는 알로 시작하여 애벌레가 된 뒤 번데기 과정을 거쳐 어른벌레가 된다.

분자
물질이 가진 성질을 잃지 않고 분리될 수 있는 가장 작은 입자. 공기 중의 산소 분자(O_2)와 같은 동일하거나 상이한 원자들도 화합물을 형성할 수 있다.

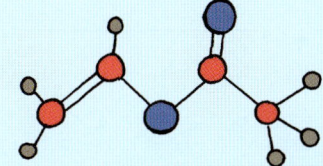

궤도
행성, 달, 혜성 또는 인공위성이 중력의 영향을 받아 다른 천체의 둘레를 돌면서 그리는 곡선의 길이다.

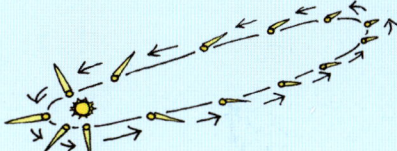

유기체
살아 있는 것. 지구에는 박테리아와 같은 미세한 단일 세포 생명체에서부터 흰긴수염고래와 같은 거대한 다중 세포 동물에 이르기까지 크기가 다양하다.

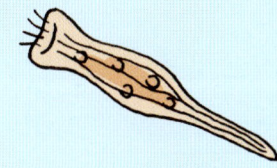

DNA
유전자의 본체. 그 배열 순서에 유전 정보가 들어 있어 그 정보에 해당하는 단백질을 만든다.

위성
자연적인 위성은 지구의 달과 같이 행성의 인력에 의하여 그 둘레를 도는 천체이다. 또한 지구 따위의 행성 둘레를 돌도록 로켓을 이용해 쏘아 올린 인공위성도 있다.

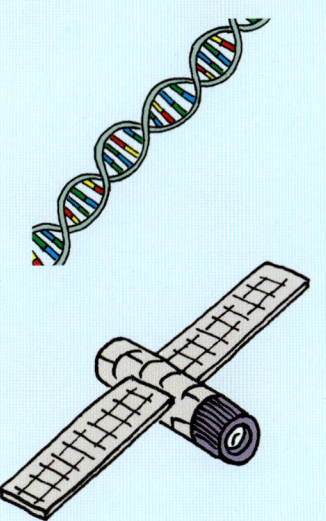